INTERPRETATIONEN DEUTSCH

MIRJAM PRESSLER

Nathan und seine Kinder

Interpretiert von

Theresia Köhler-Müller

STARK

Bildnachweis
Umschlagbild und S. 3: ullstein bild – Giribas
S. 1: picture alliance/dpa/dpaweb
S. 4, 5, 69, 76, 81: picture alliance/akg-images
S. 7, 9, 36: picture alliance/ZB
S. 18: © Michael Tieck – Fotolia.com
S. 20: © podpad – Fotolia.com
S. 23, 27: © Aleksandar Todorovic – Fotolia.com
S. 25: © Stefan Arendt – Fotolia.com
S. 28: © mr. lightning – Fotolia.com
S. 31: © Noel Powell – Fotolia.com
S. 41: picture alliance/Marius Becker
S. 43: Deutsches Theatermuseum/Archiv Dashuber
S. 51: © compuinfoto – Fotolia.com
S. 56, 60: Iko Freese/DRAMA
S. 59: picture alliance/akg-images/Hedda Eid
S. 83: bpk/Gemäldegalerie, SMB/Jörg P. Anders
S. 84: © line-of-sight – Fotolia.com

Illustrationen S. 16, 32, 34, 87, 93: Stephanie Spaleck, Neuhausen

ISBN 978-3-86668-679-3

Inhalt

Vorwort

Einführung 1

Biografie und Entstehungsgeschichte 7

1 Biografie 7

2 Entstehung des Romans *Nathan und seine Kinder* 8

3 Lessings *Nathan der Weise* und Presslers Variation – ein Vergleich 11

Inhaltsangabe 13

Textanalyse und Interpretation 33

1 Charakterisierung der Figuren 33

2 Aufbau und Struktur 62

3 Erzähltechnik 65

4 Sprache 70

5 Zentrale Aspekte 72

6 Interpretation von Schlüsselstellen 85

Literaturhinweise 95

Anmerkungen 96

Autorin: Theresia Köhler-Müller

Vorwort

Liebe Schülerin, lieber Schüler,

vielleicht würden Sie den Roman *Nathan und seine Kinder* von Mirjam Pressler – eine Variation von Gotthold Ephraim Lessings Drama *Nathan der Weise* – gar nicht lesen, wäre er nicht Schullektüre. Vielleicht stellen Sie dann jedoch fest: Dieses Werk ist zwar im 820 Jahre und 2 900 Kilometer entfernten Jerusalem angesiedelt, aber es hat durchaus etwas mit Ihnen, Ihren Fragen, Ihren Gedanken und Ihrer Lebenswelt sowie mit aktuellen gesellschaftlichen und politischen Gegebenheiten und Entwicklungen zu tun – und verspüren so hoffentlich nach und nach wirkliche Lesefreude.

Diese Interpretationshilfe soll den Zugang zum Roman erleichtern und zu einer intensiven Auseinandersetzung damit anregen, nicht aber das eigene Nachdenken ersetzen. Informationen über **geschichtlichen Hintergrund**, **Entstehungsgeschichte**, **Biografisches** zur Autorin sowie einen kurzen **Vergleich zwischen „Original" und „Variation"** finden Sie zu Beginn dieses Bandes. Die daran anschließenden **Inhaltsangaben** der einzelnen Kapitel des Romans fassen Handlung und Geschehen nochmals kurz zusammen. Im Hauptteil, der **Textanalyse und Interpretation** des Romans, finden Sie neben Aufbau, Erzähltechnik und Figurenkonstellation auch eine eingehende Charakterisierung der Figuren, eine ausführliche Darstellung der Motive, Symbole und zentralen Aspekte sowie eine Erläuterung sprachlicher Besonderheiten. Die **Interpretation der Schlüsselstellen** zeigt auf exemplarische Art und Weise, wie Sie bei Analyse und Deutung literarischer Texte vorgehen können.

Theresia Köhler-Müller

Einführung

Diejenigen, die schon einmal den Kinofilm *Königreich der Himmel*[1] gesehen haben, können es sich vielleicht vorstellen, das Jerusalem zur Zeit der Kreuzzüge. Was hat aber ein Hollywood-Monumentalfilm mit dem Roman *Nathan und seine Kinder* zu tun? Nun, man gewinnt daraus, zumindest ansatzweise, einen Einblick in die Gedankenwelt der christlichen Kreuzritter: in ihre Träume und Ziele, aber vor allem auch in ihren religiösen Fanatismus und Größenwahn. In unserer säkularisierten[2] Welt ist uns so etwas fremd, ja vielleicht sogar unheimlich: Da verlassen im 12. und 13. Jahrhundert Hunderttausende ihre Heimat, um das ferne Jerusalem von den sogenannten Heiden zu befreien. Warum? Und wer ist überhaupt mit „Heiden" gemeint?

Szene aus dem Hollywood-Film *Königreich der Himmel*.

Starkes Bevölkerungswachstum und häufige Missernten im 11. und 12. Jahrhundert trugen im deutschen und französischen Reich dazu bei, dass viele Menschen verarmten. Aber nicht nur das einfache, unfreie Volk war von Armut bedroht, auch niedrige Adlige mussten ums Überleben kämpfen. Grob umrissen, war die wirtschaftliche Situation von rund 90 % der Bevölkerung eine schlechte. Diese Menschen waren offen für alles, was ihre Lage verbessern konnte. Hinzu kam die überaus starke, ja geradezu **blinde Religiosität** der Menschen, die mit der großen Angst verbunden war, für ihre Sünden in Fegefeuer und Hölle leiden zu müssen. Auch eine ausgeprägte **Judenfeindlichkeit** war zu dieser Zeit Bestandteil der christlichen Weltanschauung. Der Judenhass speiste sich aus der angeblichen Kollektivschuld der Juden an der Kreuzigung Jesu. Kirchliche und weltliche Machthaber unterstützten diese Ansichten, indem sie Maßnahmen zur Ausgrenzung von Juden ergriffen, z. B. Berufsverbote verhängten.

Darüber hinaus hatte damals nur ein geringer Teil der Bevölkerung Zugang zu Bildung. Lesen und schreiben konnten meist nur diejenigen, die in Klöstern lebten, also Mönche und Nonnen, sowie die Ministerialen (Verwaltungsbeamten) der Fürsten und einige adlige Damen. Häufig konnten auch nur diejenigen Ritter schreiben, die in einer Klosterschule erzogen worden waren oder als Ministerialen arbeiteten.

Fehlende Bildung und von Angst geprägte Religiosität machten viele Menschen empfänglich für das Versprechen der Kirche, durch das Bußetun von den drohenden Sündenstrafen befreit zu werden. Ein beliebtes Mittel des Bußetuns war die Pilgerreise zu einem der vielen berühmten Wallfahrtsorte, die es im Mittelalter gab. Den wichtigsten Wallfahrtsort stellte Jerusalem dar, denn dort lebte und starb Jesus. Eine Pilgerreise dorthin war das höchste Ziel, das ein Christ zu seinen Lebzeiten erreichen konnte: Auf der **Via Dolorosa** schritten die christlichen Pilger den letzten Weg Jesu ab, um schließlich in der **Grabeskirche**, dem nach der Überlieferung Kreuzigungs- und Begräbnisort Jesu, dem Hauptheiligtum der Christenheit, zu beten.

Nun war – und ist (!) – Jerusalem aber nicht nur die Stadt der Christen, sondern gleichzeitig auch die der Juden und Muslime. Für die **Juden** ist Jerusalem die heilige Stadt und somit der Mittelpunkt ihrer Geschichte überhaupt. Das Hauptheiligtum der Juden in Jerusalem bildet die **Klagemauer**, ein Überrest des von Herodes dem Großen erbauten Tempels, der von den Römern 70 n. Chr. zerstört wurde. Dorthin pilgern Juden, um zu beten.

Aber auch für die **Muslime** stellt Jerusalem eine heilige Stadt dar, die drittheiligste nach Mekka und Medina. Der Prophet Mohammed soll sich vor seiner Himmelfahrt auf seiner nächtlichen Reise dort aufgehalten haben. Der **Felsendom** und die **al-Aqsa-Moschee** auf dem Tempelberg sind die Hauptheiligtümer der Muslime in Jerusalem.

In Jerusalems Altstadt: Die Klagemauer und der Felsendom mit seiner goldenen Kuppel.

Bis ins 11. Jahrhundert hinein lebten die Angehörigen der drei Weltreligionen in Jerusalem unter wechselnden Herrschern in Phasen der Toleranz, erfuhren aber auch wiederholt gegenseitige Diskriminierung. Dann stießen türkische Moslems, die ursprünglich in Mittelasien ansässig waren, nach Westen vor, eroberten zunächst Bagdad und im Jahr 1078 Jerusalem und behinderten zunehmend die Pilgerwege in die Stadt. Aber nicht nur das – die Türken gefährdeten durch ihren Expansionsdrang nach Westen

Papst Urban predigt den Kreuzzug in Marmoutier. Holzstich, 19. Jahrhundert

auch das christliche byzantinische Reich, dessen Herrscher, Kaiser Alexios I., sich daraufhin an den Papst wandte und um Hilfe bat. **Papst Urban II.** rief deshalb im Jahre **1095** zum ersten **Kreuzzug** auf. Sein Ziel war es, die Eroberer zurückzudrängen, um so viel (byzantinisches) Territorium wie nur möglich zurückzugewinnen und die Stadt Jerusalem, ja das gesamte sogenannte „Heilige Land" unter christliche Herrschaft zu bringen. Der Papst verband in seinem Aufruf die Pilgerschaft mit der Idee des gerechten Krieges gegen die „Heiden" (Araber, Muslime) und stellte die Freiheit von Sündenstrafe als eine Art Belohnung für die Teilnahme am Kreuzzug in Aussicht. Bedenkt man die bereits erwähnten Rahmenbedingungen, unter denen die Menschen lebten, dann wundert es nicht, dass die Resonanz auf den Aufruf zum Kreuzzug enorm war. Es bildeten sich zwei Kreuzzugsgruppen: der professionell organisierte **Ritterkreuzzug** und der sogenannte **Armenkreuzzug**, an dem auch Frauen und Kinder teilnahmen. Die Kreuzfahrer konnten sich überhaupt keine Vorstellung davon machen, wie lange und beschwerlich ihr Unternehmen werden würde. Es bestand aus unvorstellbaren Strapazen, denen viele, vor allem Frauen und Kinder, nicht gewachsen waren.

Unterwegs hielten sich die Kreuzfahrer mit Gebeten und Parolen „bei Laune", die gleichzeitig ihre Judenfeindlichkeit anstachelten. Bereits im Norden Frankreichs und im Rheinland (beispielsweise in Köln, Mainz und Worms) kam es zu **gewalttätigen Ausschreitungen** gegen Juden. Die Kreuzfahrer plünderten, was sie fassen konnten, und ermordeten erbarmungslos viele jüdische Kinder, Jugendliche und Erwachsene.

Schließlich kam es im Juni **1099** zur **Eroberung Jerusalems durch die Kreuzfahrer**, wobei von Massakern an den Einheimischen berichtet wurde. Die Kreuzritter machten nun aus Jerusalem einen **Kreuzfahrerstaat**. Ein friedliches Zusammenleben zwischen Muslimen und Christen war unmöglich geworden – ebenso wie das von Juden und Christen.

1187, nach der entscheidenden Schlacht in Hattin, **eroberte** der islamische Herrscher **Saladin Jerusalem zurück**. Sofort nach Bekanntwerden dieser Nachricht wurde von Papst Gregor VIII. der dritte Kreuzzug mit dem Ziel der Rückeroberung Jerusalems ausgerufen. Die Begleitumstände dieses Kreuzzuges ähnelten denen des ersten.

Anführer des dritten Kreuzzuges waren **Kaiser Friedrich I.** Barbarossa, der auf diesem Kreuzzug starb, **König Philip II. von Frankreich** und **König Richard I. von England** – wohl besser bekannt unter seinem Beinamen **Richard Löwenherz**. Dieser wird heutzutage vielfach romantisiert, meist in Verbindung mit dem Robin-Hood-Mythos. Er und die anderen Herrscher verfolgten mit ihrer Teilnahme am Kreuzzug auch eigene Macht- und Territorialansprüche. Zuerst schienen die Kreuzritter relativ erfolgreich zu sein: 1191 überließ Saladin den Kreuzfahrern Akkon und zog sich zurück, um seine Truppen für die Verteidigung Jerusalems zu stärken. Sowohl Saladin als auch Richard I. ließen wiederholt Ge-

Richard I. Löwenherz, Holzstich aus dem 19. Jahrhundert

fangene gnadenlos hinrichten, um den eigenen Forderungen an den Gegner Nachdruck zu verleihen. In den Kampfpausen kam es jedoch zu diplomatischen Kontakten zwischen Saladin und Richard, die sich gegenseitig als Staatsmänner und Krieger respektierten. So autorisierte Saladin seinen Bruder al-Adil im Herbst 1191, mit Richard geheime Gespräche über einen möglichen Friedensschluss zu führen. Dabei wurde auch über eine eventuelle Eheschließung zwischen al-Adil und einer Schwester Richards verhandelt, die jedoch nicht zustande kam, weil Saladins Bruder nicht zum Christentum übertreten wollte.

Letztendlich jedoch entschloss sich Richard, Jerusalem nicht anzugreifen. Er sah von dem Versuch einer Eroberung wahrscheinlich ab, weil er befürchtete, Jerusalem nicht lange halten zu können. Als Ersatz dafür hielten die Kreuzritter weiterhin eine Reihe wichtiger kleinerer Festungen und Städte – Akkon und Jaffa zum Beispiel. Im **Herbst 1192** schlossen Saladin und Richard einen dreijährigen **Waffenstillstand**, der es unter anderem christlichen Pilgern ermöglichte, sich frei in Jerusalem zu bewegen.

In dieser Zeit lässt Mirjam Pressler ihren Roman *Nathan und seine Kinder* spielen.

Biografie und Entstehungsgeschichte

1 Biografie

Mirjam Pressler wurde 1940 als uneheliches Kind in Darmstadt geboren und wuchs bei Pflegeeltern auf. Sie studierte an der Akademie für Bildende Künste in Frankfurt sowie Sprachen in München. Außerdem lebte und arbeitete sie ein Jahr in einem Kibbuz[3] in Israel.

Nach der Scheidung von ihrem ersten Mann erzog sie ihre drei Töchter allein und übte eine **Vielzahl unterschiedlicher Berufe** aus. Ihre ersten Bücher schrieb sie nachts – nach den Verpflichtungen tagsüber, die aus Kindererziehung, Broterwerb und Hausarbeit bestanden. Presslers erster Jugendroman *Bitterschokolade* über ein Mädchen, das an Bulimie leidet, erschien 1980. Es folgten eine Reihe weiterer **Kinder- und Jugendromane**, die die Lebenswelt von Kindern und Jugendlichen auf eine ehrliche, engagierte und einfühlsame Art und Weise so zeigen, wie sie ist. Vor allem in ihren Jugendromanen beschreibt die Autorin realistisch und ungeschönt Probleme, Nöte und Sorgen von Jugendlichen. Da sie selbst keine einfache Jugend hatte und als Mutter dreier Töchter immer wieder beobachten konnte, wie schwer es viele Jugendliche haben, weiß sie, dass junge Menschen auch über die Härten des Lebens lesen wollen. Dazu sagt sie selbst: „Was Jugendliche lesen wollen, können sie auch aushalten. [...] Literatur bedeutet ja nicht ausschließlich Erheiterung."[4]

Neben der Darstellung heutiger Lebenswelten liegt Mirjam Pressler die Auseinandersetzung mit der bedrohten Situation jüdischer Kinder und Jugendlicher während Nationalsozialismus und Zweitem Weltkrieg besonders am Herzen. Vor allem die **Lebensgeschichte von Anne Frank** hat Mirjam Pressler, die selbst Jüdin ist, schon immer besonders berührt. Sie erforschte deren Biografie und übersetzte die kritische Gesamtausgabe der Tagebücher. Aus dieser Arbeit entstand 1992 das Sachbuch *Ich sehne mich so. Die Lebensgeschichte der Anne Frank.* Neben dem Schreiben eigener Werke übersetzt Mirjam Pressler auch aus dem Niederländischen und Hebräischen.

Für ihre Werke erhielt sie **zahlreiche Preise** (vgl. die Homepage der Autorin), beispielsweise die Corine 2009 – Jugendbuchpreis der Waldemar-Bonsels-Stiftung für *Nathan und seine Kinder*. 2010 erhielt Mirjam Pressler im Rahmen der Frankfurter Buchmesse den Sonderpreis des Deutschen Jugendliteraturpreises für ihr Gesamtwerk.

Mirjam Pressler lebt als freie Autorin und Übersetzerin bei München.

2 Entstehung des Romans *Nathan und seine Kinder*

In ihrem Roman *Nathan und seine Kinder* erzählt Mirjam Pressler eines der bedeutendsten Werke der Weltliteratur neu. Das Drama *Nathan der Weise*, das Gotthold Ephraim Lessing 1779 veröffentlichte, ist einer der Schlüsseltexte der literarischen Epoche der **Aufklärung**. Es befasst sich mit einer möglichen friedlichen Koexistenz der drei Weltreligionen Judentum, Christentum und Islam. Lessing zufolge scheint diese Koexistenz möglich, wenn eine menschliche Grundhaltung erreicht ist, die auf Vernunft,

Büste des Schriftstellers vor dem Lessing-Museum in Kamenz; auf dem Türstein sind die drei Ringe der Ringparabel zu sehen.

Güte, Toleranz, (humanistischer) Bildung und dem Gleichheitsgedanken basiert. Mit der Hauptfigur Nathan hat Lessing eine literarische Figur geschaffen, die all dies idealtypisch in sich verkörpert und es unter anderem im Kernstück des Dramas, der sogenannten **„Ringparabel"**, auch explizit formuliert. Brisanz legte Lessing aber nicht nur in Thematik und Inhalt, sondern auch in Zeit und Ort des Geschehens, denn er siedelte das Drama zur Zeit des dritten Kreuzzuges in den Jahren 1191 und 1192 in Jerusalem an, wo sich die Angehörigen der drei Religionen auf engstem, konfliktträchtigem Raum tagtäglich begegneten.

Nun ist Lessings Figur des Nathan keine lebensnahe im heutigen Sinne, sondern eine idealtypische, die in erster Linie eine Botschaft vermittelt. Es geht dem Autor nicht darum, eine möglichst realistische Geschichte zu erzählen, sondern die abstrakten **Ideale** der Vernunft und Toleranz auf der Bühne darzustellen. Da es theoretische Ideen verhandelt, hat man Lessings Stück auch **Ideen- oder Lesedrama** genannt.

Seit Jahrzehnten wird das Drama (oder wie Lessing selbst es nannte, das „Dramatische Gedicht") *Nathan der Weise* in der gymnasialen Oberstufe gelesen – einzelne exponierte Passagen, vor allem natürlich die „Ringparabel", werden häufig auch in Hauptschule, Werkrealschule und Realschule besprochen. Für Schülerinnen und Schüler ist es zumeist schwierig, die Sprache Lessings richtig zu verstehen, und die Figuren erscheinen ihnen fremd. Da hilft auch der gut gemeinte Hinweis der Lehrer, die

Sprache Lessings sei wunderbar poetisch und das Werk große Weltliteratur, meist nur wenig.

Genau das hat auch Mirjam Pressler beobachtet, als ihre eigenen Töchter die „Ringparabel" aus *Nathan der Weise* in der Schule lasen und nur schwer einen Zugang dazu finden konnten.[5] Die Autorin ist aber überzeugt davon, dass gute und wichtige Geschichten nicht vergessen werden dürfen. Damit dies möglich ist, müssen sie ihrer Ansicht nach immer wieder erzählt und weitergegeben werden – und zwar so, dass sie von jungen Menschen verstanden werden. Deshalb dachte sie darüber nach, wie sie die „Ringparabel" und mit ihr die Geschichte von dem weisen jüdischen Kaufmann Nathan so erzählen könnte, dass ihre Töchter und andere junge Menschen gerne darüber lesen möchten.

Ringparabel

Mirjam Pressler übernahm die Ringparabel aus dem Drama *Nathan der Weise* und übertrug sie in das heutige moderne Hochdeutsch. Auch Gotthold Ephraim Lessing hat diese Parabel nicht erfunden, sondern griff auf einen Stoff zurück, den er in sein Stück einarbeitete. Er bezog sich auf das Werk *Das Dekameron*, das der italienische Gelehrte und Autor Giovanni di Boccaccio (1313–1375) verfasst hatte. Allerdings heißt der jüdische Kaufmann dort nicht Nathan, sondern Melchisedech und verfügt, obwohl er weise ist, noch nicht ganz über die große Güte, die Lessing „seinem" Nathan später zuschrieb.[6] Ein Vorbild für seine Figur fand Lessing ebenfalls im *Dekameron*: Dort ist von einem großherzigen und überaus gütigen reichen Mann namens Nathan aus einer edlen Familie die Rede[7] (zum Inhalt der Ringparabel siehe *Interpretationshilfe*, S. 23 ff.; eine ausführliche Interpretation ist in Kapitel 6, S. 88 ff. zu finden).

3 Lessings *Nathan der Weise* und Presslers Variation – ein Vergleich

Mirjam Pressler lässt die Figuren, die Lessing lediglich idealtypisch andeutete, lebendig werden und in ihrer eigenen Sprache zu Wort kommen – und zwar nicht in einem dramatischen Werk, sondern in einem Roman.

So bekommen beispielsweise Nathan und Daja eine richtige **Lebensgeschichte**, indem Schicksalsschläge, die sie in der Vergangenheit erdulden mussten, näher erläutert werden. Nathans (Adoptiv-)Tochter Recha, die in Lessings Original eher eine Nebenrolle einnimmt, wird zu einer berührenden Figur, die sich in ihrer Entwicklung zum Erwachsensein manchmal gar nicht so sehr von heutigen Jugendlichen unterscheidet. Den jungen Tempelritter gestaltet Mirjam Pressler sehr menschlich, auch er macht eine innere Entwicklung durch und wird gleichsam zu einem „geistigen Kind“ Nathans. Boshaftigkeit, Selbstgerechtigkeit und Judenhass des Patriarchen, der auch bei Lessing Nathans Gegenspieler ist, werden von Mirjam Pressler auf eine erschreckend realistische Art und Weise ausgestaltet.

Darüber hinaus fügt die Autorin **neue Figuren** hinzu: Geschem, der Waisenjunge, der von Nathan seinen Namen erhält; Elijahu, der Freund und Verwalter Nathans, der die väterliche Fürsorge für Geschem übernimmt; und schließlich Abu Hassan, ein radikaler Feind sowohl Sultan Saladins als auch Nathans.

Inhaltlich übernimmt Mirjam Pressler sehr viel von Lessings Original, befasst sich mit dem Toleranzgedanken und dem Zusammenleben von Menschen generell, beschränkt sich also nicht auf das Nebeneinander der drei Religionen. Durch ihre besondere Herangehensweise erfüllt sie die gesamte Handlung mit neuem Leben – was auch aus dem Titel deutlich wird, der sich durch die Verschiebung auf die „Kinder“ mehr mit den Nachfolgern Nathans befasst, die sein geistiges Erbe, seine Einstellungen und

Thesen, weitertragen. Wie im Original sind in der Variation unter anderem zu finden: die Rettung Rechas durch den Tempelritter, dessen Erziehung zu Vernunft und Toleranz durch Nathan, die zarte Liebe zwischen Recha und dem Tempelritter, natürlich die berühmte Ringparabel als Quintessenz von Nathans moralischer Haltung sowie Dajas Verrat.

Allerdings gibt es in der Originalversion für die **Liebe zwischen Recha und dem Tempelritter** kein Happy-End, weil sich herausstellt, dass beide die Kinder von Saladins Bruder Assad und somit Bruder und Schwester sind. In *Nathan und seine Kinder* taucht dieses Motiv der unbekannten respektive unwissenden Geschwister nicht auf – hier scheitert die Liebe der beiden (vermutlich) an anderen Gründen. Der radikalste Unterschied zwischen Original und Variation liegt aber wohl in der **Ermordung Nathans** im Roman.

Und da die Geschichte ohne den historischen Hintergrund der Kreuzzüge nicht zu verstehen ist, geht die Autorin auch darauf erklärend ein.

Inhaltsangabe

Kapitel 1: Rechas Rettung, Geschem bekommt seinen Namen (Geschem, S. 9–23)

Der gehbehinderte Waisenjunge Geschem lebt seit zwei Jahren im Haus des reichen jüdischen Händlers Nathan in Jerusalem.

Eines Nachmittags wird er von lauten Schreien aus seinem Mittagsschlaf geweckt und sieht das Haus in Flammen stehen. Den Schreien, die er Daja, der Gesellschafterin von Nathans Tochter Recha, zuordnen kann, entnimmt er, dass sich Recha noch im brennenden Haus befinden muss. Geschems Versuch, Recha zu retten, scheitert, weil er sich in diesem Augenblick wegen seiner Schmerzen nicht bewegen kann. Bevor er bewusstlos wird, sieht er jedoch einen Tempelritter in das brennende Haus eilen. Als Geschem später aus seiner Bewusstlosigkeit erwacht, glaubt er Recha tot und wirft sich vor, versagt zu haben. Er rechnet bereits damit, Nathans Haus für immer verlassen zu müssen, bis er realisiert, dass überhaupt niemand weint. Außerdem sieht er, wie Nathan, der in der Zwischenzeit offenbar von seiner Geschäftsreise zurückgekehrt ist, Recha in seinen Armen hält und tröstet. Geschem hört Nathan, Recha, Daja und den Derwisch al-Hafi, einen Freund Nathans, über den Brand sprechen. Recha ist davon überzeugt, ein Engel habe sie gerettet. Daja hingegen betont, der Retter sei ein Tempelritter gewesen, was Nathan zunächst nicht glauben mag, denn es war zu hören, dass der Sultan alle Tempelritter hat umbringen lassen. Al-Hafi aber erklärt Nathan, dass der Sultan einen einzigen Tempelritter verschont habe, bleibt ihm eine Begründung dafür aber schuldig.

Schwere Gedanken und Erinnerungen an ein früheres Feuer lassen Geschem in dieser Nacht keine Ruhe finden und er steht von seinem Nachtlager in der Küche auf, um im Innenhof zu schlafen. Dort trifft er auf Nathan, der ihn anspricht. Aufgeregt erzählt ihm Geschem, der Retter Rechas sei tatsächlich ein Tempelritter gewesen. Nathan interessiert sich für den Jungen und fragt nach seinem Namen, worauf der ihm antwortet, er habe überhaupt keinen – ebensowenig wie Vater und Mutter. Als Nathan wissen möchte, wie Geschem in sein Haus gekommen sei, berichtet der Junge, Nathans Verwalter Elijahu habe ihn vor zwei Jahren halbtot in der Stadt gefunden und ihm das Leben gerettet, indem er ihn in dieses Haus gebracht habe.

Die Frage Nathans, ob er einen Namen haben möchte, verunsichert den Jungen, da er nicht weiß, ob er Jude, Muslim oder Christ ist. Aber Nathan ermuntert ihn, sich einen Namen auszusuchen, der ihm gefällt. So wählt Geschem eben diesen Namen, der Regen bedeutet. Mit der Begründung, sie seien schließlich alle Abrahams Söhne, gibt Nathan ihm noch den Beinamen „Ben Abraham" (hebräisch) beziehungsweise „Ibn Ibrahim" (arabisch), wodurch er die Zugehörigkeit zu einer Religion zunächst offenhält. Nathan verabschiedet sich und Geschem bleibt aufgewühlt zurück.

Kapitel 2: Dajas Geschichte (Daja, S. 24–40)

Auch Daja findet in dieser Nacht keinen Schlaf, da sie an die aufregenden Ereignisse des vergangenen Tages denken muss. Und während sie Recha, die in dieser Nacht bei ihr schläft, fürsorglich betrachtet, wandern Dajas Gedanken zurück in ihre schlimme Kindheit und Jugend, die sie bei ihrer strenggläubigen Großmutter in Gunzenhausen verbracht hat. Sie erinnert sich, von ihr nie ein liebes Wort, sondern nur Ermahnungen zu einem gottgefälligen Leben gehört zu haben. Als eine Gruppe Kreuzfahrer in ihr Dorf gekommen ist, hat sie sich in einen von ihnen, Gisbert, verliebt und ist ihm und den anderen Pilgern ins Heilige Land gefolgt. Daja entsinnt sich der vielen Strapazen und Grausamkeiten, die sie während der langen Reise erlebt hat und die vielen Mitpilgern das Leben gekostet haben. Ein besonders harter Schicksalsschlag hat Daja getroffen, als Gisbert, kurz nach ihrer Heirat, vor den Mauern Jerusalems von einer Gruppe sogenannter Ungläubiger getötet worden ist. In dieser verzweifelten Lage ist sie Nathan begegnet, der sie in sein Haus aufgenommen und ihr die Erziehung und Bildung seiner damals vierjährigen Tochter Recha anvertraut hat.

Daja ist sich ihrer privilegierten Stellung im luxuriösen und angesehenen Haus Nathans durchaus bewusst und möchte diese nicht verlieren.

Kapitel 3: Nathans Vergangenheit (Elijahu, S. 41–54)

Elijahu denkt an die erfolgreiche Geschäftsreise, die Nathan und er unternommen haben, und an ihre Rückkehr kurz nach dem Brand. Es wird deutlich, welch große Angst Nathan und er um Recha ausgestanden haben.

In diesem Zusammenhang erinnert sich Elijahu an das große Unglück, das Nathan vor etwa 17 Jahren getroffen hat. Bei einem Brand, den eine Gruppe Kreuzfahrer gelegt hatte, sind damals Nathans Frau, seine sieben Söhne, sein Bruder und die gesamte Dienerschaft ums Leben gekommen. Nach den sieben Trauertagen ist Nathan von einem Mönch aufgesucht worden, der ihm einen Säugling gebracht hat – Recha. Nathan hat dies für ein Zeichen Gottes gehalten. Über die näheren Umstände von Rechas Herkunft hat er nicht mit Elijahu sprechen wollen. Durch das Kind hat Nathan wieder neuen Lebensmut gewonnen und ist nach Jerusalem umgezogen. Die – äußerliche wie psychische – Veränderung, die Nathan in der Zeit der tiefen Trauer durchgemacht hat, ist jedoch geblieben.

Am Morgen nach der Rettung Rechas dankt Nathan Elijahu dafür, dass dieser Geschem ins Haus geholt hat. Auf Nathans Fragen hin erzählt ihm Elijahu alles, was er über Geschems Herkunft weiß, und er lässt auch die Brandwunden, die der Junge am Körper hat, nicht unerwähnt. Er gesteht ihm, dass er ihm bislang nicht davon berichtet hat, um Nathans Erinnerungen an seinen eigenen Schicksalsschlag nicht zu wecken, worauf dieser jedoch antwortet, dass er jeden Tag an das Unglück denke. Er spreche nur deshalb nie darüber, weil er nicht glaube, dass ihm jemand helfen könne.

Nathan bittet Elijahu, sich um Geschem und seine Ausbildung zu kümmern. Elijahu kann zwar manchen Gedanken, die Nathan in diesem Gespräch äußert, nicht folgen, aber das ändert nichts an seiner Zuneigung und Achtung seinem Herrn gegenüber.

Kapitel 4: Engel oder Tempelritter? (Recha, S. 55–66)

Als Recha am Morgen nach ihrer Rettung erwacht, ziehen die Geschehnisse des vergangenen Tages noch einmal vor ihrem geistigen Auge vorüber: Sie meint, die Hitze des Feuers zu spüren, und sie sieht das Bild ihres Retters vor sich, den sie nach wie vor für einen Engel hält.

Während des Frühstücks thematisiert auch Nathan die Frage nach dem Retter und gibt Recha zu bedenken, dass es aus mancherlei Gründen wohl bequemer sei, an einen Engel zu glauben, in Wahrheit jedoch leichter, einem Menschen zu danken. Betroffen von den Worten ihres Vaters denkt Recha intensiv darüber nach. Da sie nicht zu einem Ergebnis kommt, entschließt sie sich, ihre verheiratete Freundin Lea zu besuchen. Während sie durch Jerusalem schlendert, spürt Recha, dass sie ihre Umwelt nun viel bewusster und mit allen Sinnen wahrnimmt. Dabei empfindet sie ein Gefühl der großen Dankbarkeit. Sie ändert ihr Vorhaben, Lea einen Besuch abzustatten.

Vor der Grabeskirche entdeckt Recha den Tempelritter, der sich um einen alten Pilger kümmert. Der Anblick ihres Retters bewegt und verwirrt sie derart, dass sie sich nicht in der Lage sieht, ihn anzusprechen und ihm für ihre Rettung zu danken. Deshalb entschließt sie sich, Daja zu bitten, den Tempelritter einzuladen, damit sie ihm unter der Obhut ihres Vaters ihren Dank aussprechen kann.

Kapitel 5: Geschichte des Tempelritters und Auftrag des Patriarchen (Tempelritter, S. 67–85)

In der darauffolgenden Nacht erinnert sich der Tempelritter Curd von Stauffen, dass er, als er das ihm unbekannte Mädchen gerettet hat, eigentlich auf dem Weg zum Patriarchen, dem Bischof von Jerusalem, gewesen ist. Da der Tempelritter nach der Rettung keine Ruhe hat finden können, ist er weiter auf den Berg Zion gewandert und hat an seine bisherigen Erlebnisse im Heiligen Land gedacht: an seine Teilnahme am Kreuzzug, an die Gefangennahme durch Saladins Soldaten nach dem Versuch, das Heer des Sultans zu überrumpeln, an die Hinrichtung Helmfrieds, seines väterlichen Freundes, und all der anderen Tempelritter sowie an sein eigenes Schicksal: Er schämt sich dafür, als Einziger von Sultan Saladin aus unbekanntem Grund verschont worden zu sein. Die Rettung Rechas sieht er nicht als Heldentat an, sondern eher als Zeichen für seine Bereitschaft, sein Leben mutwillig aufs Spiel zu setzen.

Dann wandern die Erinnerungen Curd von Stauffens zurück in seine Kindheit und Jugend in Schwaben: an seine Träume, auf dem Kreuzzug Heldentaten zu vollbringen, und an sein Vorhaben, den Daheimgebliebenen zu beweisen, dass sie ihn in der Vergangenheit verkannt haben.

Am nächsten Tag sucht der Tempelritter schließlich den Bischof von Jerusalem auf, um sich eine Aufgabe zuweisen zu lassen. Der Patriarch meint, Curd von Stauffen sei dem Sultan in keiner Weise zu Dank verpflichtet, stattdessen schulde er seiner Kirche absoluten Gehorsam. Er solle deshalb den Sultan ausspionieren und wenn möglich umbringen, um Jerusalem wieder in die Hände der Christen zu bringen. Dieser Auftrag verstört den Tempelritter zutiefst.

Kapitel 6: Das Leben – ein Schachspiel (Al-Hafi, S. 86–98)

Al-Hafi vergleicht das Leben mit einem Schachspiel, denn er meint, die Menschen glichen Schachfiguren, die von einer höheren Macht umhergeschoben werden. Er erinnert sich, dass er vor Kurzem noch ein einfacher Derwisch war. Als er seinem Freund Nathan kurz nach Rechas Rettung eröffnet hat, er sei zum Schatzmeister des Sultans aufgestiegen, habe Nathan überrascht und etwas ungehalten auf diese Neuigkeit reagiert. Daraufhin habe er Nathan erklärt, Saladin und er, al-Hafi, seien verwandt und deshalb sehe er in diesem nicht nur den grausamen Herrscher, sondern auch den liebenswerten Cousin. Nathan habe er bislang nichts davon erzählt, weil er die Auffassung vertrete, es komme bei einer Freundschaft allein auf den Menschen selbst an, nicht auf seine Herkunft oder Vergangenheit. Davon habe sich Nathan schließlich überzeugen lassen.

Al-Hafi erinnert sich zurück an seine Kindheit und Jugend in Mesopotamien, die er gemeinsam mit Saladin verbracht hat, an seine Zeit als Derwisch und daran, wie er zurück nach Jerusalem gekommen ist. Auch über Sittah, die schöne und kluge Schwester des Sultans, und über Saladins älteren Bruder Assad, der verschollen ist, denkt er nach. Die Ähnlichkeit des Tempelritters mit Assad mag es wohl gewesen sein, die den Sultan dazu bewogen hat, dem jungen Ritter das Leben zu schenken.

Obwohl er auf dem Nachhauseweg von Nathan in Gedanken versunken ist, bemerkt al-Hafi ein Gespräch zwischen Saladins jüngerem draufgängerischen Bruder Melek al-Adel und dem ruhmbegierigen Hauptmann Abu Hassan. Der Vorfall beschäftigt al-Hafi, da die beiden wie Verschwörer ausgesehen haben, er entschließt sich jedoch, dem Sultan nichts von seiner Beobachtung zu sagen.

Kurz darauf spricht al-Hafi mit seiner Cousine Sittah über die finanziellen Nöte des Sultans, die vor allem auf dessen Großzügigkeit zurückzuführen sind. Sittah legt al-Hafi nahe, er solle bei seinem Freund Nathan Geld für Saladin borgen. Al-Hafi erschrickt darüber, weil er glaubt, dass die Angelegenheit für Nathan gefährlich werden könnte.

Kapitel 7: Überall gibt es gute und böse Menschen – unabhängig von ihrer Religion (Daja, S. 99–108)

Daja erinnert sich an die Begegnung zwischen Nathan und dem Tempelritter: An einem besonders heißen Morgen machen sich Nathan und Daja zu einem Beileidsbesuch bei Bekannten auf, Elijahu und Geschem begleiten sie. Geschem entdeckt den Tempelritter unter einem Maulbeerbaum sitzend.

Als Nathan sich beim Tempelritter für die Rettung Rechas bedanken möchte, stößt ihn dieser mit überheblichen und selbstgerechten Worten zurück, aus denen ganz deutlich Judenfeindlichkeit spricht. Darüber gerät Daja in Zorn und sie wirft ihm vor, christliche Werte zu missachten. Sie verweist ihn auf Jesu Gebot der Nächstenliebe.

Nathan tritt vermittelnd dazwischen und gibt Daja zu bedenken, der Tempelritter sei vielleicht noch zu jung, um verstanden zu haben, dass es in allen Religionen gute und böse Menschen gebe und letztendlich alle Menschen von Gott geschaffen seien. Durch seine Tat habe der Tempelritter ein Menschenleben gerettet und für Gott sei jedes Leben wertvoll, unabhängig von Religion oder Herkunft. Nathan bittet ihn, seinen Dank anzunehmen. Von diesen Worten bewegt, nimmt der Tempelritter die Einladung zu einem Festmahl in Nathans Haus an.

An diesem Abend entdecken Nathan und der Tempelritter ihre gemeinsame Zukunftsvision einer Welt ohne Missgunst und Gewalt – sie werden Freunde. Daja beobachtet Recha mit Sorge und stellt fest, dass sich diese wohl in den Tempelritter verliebt hat.

Kapitel 8: Ein verwirrender Traum (Recha, S. 109–119)

Am Morgen nach dem Festmahl sinnt Recha dem verwirrenden Traum der vergangenen Nacht nach. Der Traum scheint in Zusammenhang mit ihren Gefühlen für den Tempelritter zu stehen und macht Recha ruhelos. Sie denkt nach und betrachtet sich im Spiegel. Dabei stellt sie Veränderungen an ihrem Aussehen fest: Alles Kindliche an ihr scheint verschwunden zu sein.

Nachdem sie sich hübsch gemacht hat, verlässt Recha das Haus, um ihre hochschwangere Freundin Lea zu besuchen, wie sie Daja erklärt. Insgeheim hofft sie, unterwegs den Tempelritter zu treffen. Enttäuscht, ihn nicht gesehen zu haben, setzt sie den Weg zu Lea fort.

Recha möchte Lea gerne ins Vertrauen ziehen und ihr vom Tempelritter, von ihren Gefühlen und ihrem Traum erzählen. Aber Lea ist voller Sorge über die bevorstehende Geburt, sodass Recha unverrichteter Dinge wieder nach Hause geht.

Kapitel 9: Eine Kriegslist bleibt erfolglos (Sittah, S. 120–135)

Sittah, die schöne und kluge Schwester Saladins, blickt dem Tag unruhig entgegen, denn es soll über ein mögliches Friedensabkommen zwischen Saladin und Malek al-Inkitar, dem englischen König Richard Löwenherz, verhandelt werden.

Das Friedensangebot, das der englische König dem jüngeren Bruder Saladins, Melek, hat übermitteln lassen, sieht unter anderem vor, dass zur Besiegelung des Friedens Melek die Schwester und Sittah einen Cousin von Malek al-Inkitar heiraten sollen. Sowohl Saladin als auch al-Hafi, den Sittah als klugen und gebildeten Berater schätzt, halten dieses Angebot jedoch für eine Kriegslist, zumal es statt einer Antwort auf einen Brief Saladins an den englischen König unterbreitet worden ist. In diesem Brief hatte Saladin Richard nochmals deutlich gemacht, dass die Muslime niemals auf Jerusalem verzichten werden.

Während sich Sittah dies alles durch den Kopf gehen lässt, denkt sie auch über die Beziehung der Geschwister untereinander nach: Während sie und Saladin eine innige Nähe verbindet, blickt Melek voller Neid auf seinen älteren Bruder.

Als der Gesandte des englischen Königs eintrifft, teilt er mit, der König könne sein Friedensangebot nicht aufrechterhalten, da weder seine Schwester noch sein Cousin bereit seien, Angehörige des Islam zu heiraten. So bewahrheiten sich die Befürchtungen Saladins und al-Hafis – das Friedensangebot ist tatsächlich nur eine List gewesen.

Saladins Hauptmann Abu Hassan möchte so bald als möglich die Feinde angreifen, was Saladin ablehnt, denn ihm fehlt das Geld dafür. Die einzige Möglichkeit sieht Sittah darin, dass al-Hafi Nathan dazu bewegt, dem Sultan die nötigen finanziellen Mittel zu überlassen. Sie nimmt sich vor, mit al-Hafi zu sprechen und ihn dazu zu drängen. Letztendlich ist Sittah über das missglückte Friedensangebot erleichtert, muss sie doch weder ihren Bruder noch ihren heimlichen Geliebten Machmud verlassen.

Kapitel 10: Eine Verschwörung (Abu Hassan, S. 136–143)

Der Hauptmann Abu Hassan ist stolz auf seinen Vater, der auch Hauptmann gewesen ist, und auf seinen älteren Bruder, der im Kampf gegen die Franken gefallen ist. Abu Hassan hat maßgeblichen Anteil am kürzlich errungenen Sieg über die Tempelritter und genießt Saladins Wertschätzung. Dennoch ist er mit der Regierung nicht zufrieden und hat sich einer Gruppe Verschwörer angeschlossen, die vorhat, den Sultan zu entmachten und dessen jüngeren Bruder Melek als Herrscher einzusetzen.

Der Grund für Abu Hassans Unmut ist Saladins Friedensbereitschaft sowie seine tolerante Siedlungspolitik Juden und Christen gegenüber. Abu Hassans Meinung nach verstößt der Sultan damit sogar gegen den Koran, der angeblich freundschaftliche Verbindungen mit Andersgläubigen verbietet. So verübelt Abu Hassan Saladin, dass er den christlichen Pilgern erlaubt, Jerusalem jederzeit zu betreten, und dass er die Juden als zu den „Völkern des Buches" gehörig respektiert – und das, obwohl die Muslime doch 1187 Jerusalem aus den Händen der Kreuzfahrer zurückerobert haben. Abu Hassan bedauert, dass die Feinde nicht endgültig aus dem Land vertrieben worden sind.

Kapitel 11: Einer wie er (Tempelritter, S. 144–153)

Der Tempelritter gesteht sich seine Liebe zu Recha ein, hat aber gleichzeitig ein schlechtes Gewissen dabei, denn er weiß, dass er weder sein Keuschheitsgelübde brechen noch – als Christ – ein jüdisches Mädchen heiraten darf.

Er denkt zurück an seine Kindheit und Jugend auf der Burg Stauffen, wo er sich immer fremd gefühlt hat. Ganz genau erinnert er sich an erduldetes Unrecht und den häufig gehörten, für ihn aber lange unverständlichen Satz, „einer wie er" müsse doppelt so gut sein, um Anerkennung zu bekommen. Auch während seiner späteren Ausbildung zum Ritter auf Burg Tannenberg, die er mit Bravour gemeistert hat, hat sich daran nichts geändert. Deshalb hat es ihn auch nicht sehr überrascht, als ihm Konrad von Stauffen schließlich eröffnet hat, nicht sein Vater, sondern sein Onkel zu sein und ihn nur an Kindes statt angenommen zu haben. Seine Mutter habe ihn als Säugling bei Konrad von Stauffen, ihrem Bruder, zurückgelassen, um ihrem Mann ins Heilige

Land zu folgen. Curds richtiger Name sei Leu von Filnek. In dieser Lage ist dem jungen Mann der Aufruf zum Kreuzzug äußerst gelegen gekommen. Besonders wertvoll ist ihm die Freundschaft mit Helmfried geworden, seinem väterlichen Freund und Lehrer, der ihn in den Kreis der Tempelritter eingeführt und ihn immer wieder ermutigt hat, weiterzukämpfen. Mit diesen Erinnerungen und seinem Gefühlschaos beschäftigt, trifft der Tempelritter auf Daja, die ihn um ein Gespräch bittet.

Kapitel 12: Die Frage nach der wahren Religion (Al-Hafi, S. 154–166)

Sittah hat al-Hafi befohlen, Nathan in den Palast zu bringen. Nathan folgt ihm, ohne Erklärungen zu verlangen, denn er weiß, dass er sich nicht widersetzen darf. Al-Hafi teilt ihm seine Befürchtungen mit, dass der Sultan Geld von Nathan fordern wird. Wiederum vergleicht al-Hafi das Schicksal der Menschen mit einem Schachspiel und überträgt diesen Vergleich auf das nun folgende Gespräch zwischen Saladin und Nathan im Rosengarten des Palastes. Auch Sittah ist bei diesem Gespräch anwesend.

Statt auf den eigentlichen Grund des Gesprächs zu kommen, nämlich seine Geldsorgen, fragt Saladin Nathan, den das Volk den Weisen nennt, unvermittelt nach der wahren der drei Religionen in Jerusalem.

Die verschiedenen Religionen sind im Stadtbild von Jerusalem deutlich sichtbar.

Darüber erschrecken al-Hafi und Nathan sichtlich. Nach einer kurzen Denkpause erzählt Nathan Saladin das Gleichnis von dem Ring, der die Kraft hatte, seinen Träger Gott und den Menschen angenehm zu machen. Der Ring wurde über Generationen immer an den Sohn weitergegeben, der dem Vater am liebsten war. Schließlich geriet der Ring in den Besitz eines Mannes, der drei Söhne hatte, die er alle gleich liebte. So ließ er zwei Nachbildungen des Rings anfertigen, die vom Original nicht zu unterscheiden waren. Jeder der Söhne erhielt einen Ring, die im Gleichnis für die verschiedenen Religionen stehen. Damit erklärt Nathan das Judentum, das Christentum und den Islam für gleichwertig. Den Einwurf Saladins, die drei Religionen würden sich doch in so Vielem unterscheiden, entkräftet Nathan mit dem Hinweis auf die große Übereinstimmung in der Liebe zu Gott und den Menschen sowie in dem Gebot, Gutes zu tun.

Nathan erzählt weiter: Nach dem Tod des Vaters behauptete jeder der Söhne, den einzig wahren Ring zu besitzen, und sie zogen vor Gericht. Der Richter sah sich jedoch außerstande, ein Urteil zu fällen, sondern verwies auf die Wirkung des Rings und forderte die Söhne auf, den Beweis für die Echtheit des eigenen durch ein gottgefälliges Leben selbst zu erbringen. Vielleicht könne ein weiserer Richter als er in tausend Jahren einen abschließenden Richterspruch sprechen. Als Nathan die Spekulation anschließt, vielleicht sei ja der Sultan der im Gleichnis erwartete kluge Richter, und ihm damit indirekt signalisiert, dass er sich dadurch anmaßen würde, Gottes Weisheit zu haben, ist Saladin von Nathans Ansicht überzeugt und ergreift gerührt seine Hand.

Obwohl Nathan diese Prüfung erfolgreich bewältigt hat, fürchtet al-Hafi, der Sultan könne sich eventuell von Nathan überlistet fühlen. Dieser Gefahr wirkt Nathan aber entgegen, indem er den Sultan höflich bittet, ihm ein Darlehen anbieten zu dürfen. Er fügt hinzu, dass er niemandem etwas schulde, nur noch dem jungen Tempelritter. Saladin ist erstaunt, dass Nathan mit dem Tempelritter bekannt ist, und erfährt, dass dieser Recha gerettet hat. Al-Hafi ist erleichtert und froh über den guten Verlauf des Gesprächs. Nathan reagiert jedoch verhalten und wirkt eher traurig, denn er meint, sein Traum vom brüderlichen Umgang der Religionen miteinander sei leider weit weg von der Realität.

Kapitel 13: Dajas Verrat (Daja, S. 167–175)

Daja denkt über ihr glückliches Leben im Hause Nathans nach und spürt dennoch böse Gedanken in sich aufkeimen. Auf ihrem Gang über den Markt stellt sie Vergleiche zwischen ihrem früheren und ihrem jetzigen Leben an. Und obwohl sie dabei bemerkt, wie viel besser alles für sie in Jerusalem ist, verspürt sie plötzlich Sehnsucht nach Deutschland. Als sie auf den Tempelritter trifft, der eine Gruppe deutscher Pilger anführt, wird sie von ihrem Heimweh geradezu überwältigt: Sie möchte wieder zurück in ihre Heimat; jedoch nicht als arme Frau. In diesem Gefühlszustand spricht sie den Tempelritter an und vereinbart mit ihm ein Treffen am Abend.

Daja sehnt sich plötzlich nach ihrer Heimat, nach dunklen Wäldern, Wind und sogar nach Schnee.

Zurück in ihrer Kammer setzt sich Daja mit ihren widersprüchlichen Gefühlen auseinander – einerseits verspürt sie eine starke Loyalität gegenüber Nathan, andererseits möchte sie unbedingt nach Deutschland zurück, was nur dann möglich ist, wenn der Tempelritter Recha heiratet und sie, Daja, als deren Begleiterin mitnimmt. Am Abend verrät Daja dem Tempelritter, dass Recha weder Nathans leibliche Tochter noch Jüdin ist. Im selben Moment möchte Daja ihren Verrat am liebsten ungeschehen machen.

Kapitel 14: Wem kann er trauen? (Tempelritter, S. 176–190)

Dajas Enthüllung lässt den Tempelritter keinen Schlaf finden: Er macht sich Gedanken über seine Identität und stellt sein Keuschheitsgelübde infrage. Letzteres vor allem deshalb, weil er es zu einer Zeit abgelegt hat, als ihm dessen Tragweite noch gar nicht bewusst gewesen ist. So kommt ihm der Gedanke, den Patriarchen aufzusuchen und um dessen Rat zu bitten.

Am nächsten Morgen spricht der Tempelritter beim Patriarchen vor und erklärt ihm, er könne den Sultan auf keinen Fall ausspionieren, woraufhin ihn der Patriarch mit strengen Worten an seine Pflicht seiner Kirche gegenüber erinnert. Dann endlich bringt der Tempelritter die Frage vor, die ihn so sehr beschäftigt: Wenn ein christliches Mädchen von einem Juden erzogen wird, ist es dann nach wie vor eine Christin oder etwa eine Jüdin? Die heftige Reaktion des Patriarchen veranlasst den Tempelritter dazu, seine Frage als eine hypothetische auszugeben, was ihm der Patriarch aber nicht glaubt. Vielmehr fordert er den Tempelritter auf, ihm unverzüglich den Namen des Juden zu nennen, denn dieses Verhalten sei ein todeswürdiges Verbrechen. Aber der Tempelritter nennt den Namen nicht, da er erkennt, in welch große Gefahr er Nathan damit bringen würde. Er flieht regelrecht aus dem Palast und findet sich schließlich auf dem Acker Hakeldamach, einem Begräbnisort für Pilger, wieder. Dort glaubt der Tempelritter, die Stimme seines toten väterlichen Freunds Helmfried zu hören, merkt aber, dass er beginnt, sich von diesem und seinen Ansichten zu distanzieren. In seiner inneren Not und seiner Sorge um Nathan beschließt der Tempelritter nun, den Sultan um Unterstützung zu bitten.

Kapitel 15: Eine Entscheidung (Geschem, S. 191–202)

Geschem ist aufgeregt, denn Elijahu hat ihn vor Nathan gelobt und deshalb darf der Junge sie auf einer Geschäftsreise nach Jericho begleiten, wo sie Balsam einkaufen möchten. Auch Jakob und Recha, die dort ihre Freundin Fatma besuchen möchte, sind mit von der Partie. Die Kamele, die als Reit- und Transporttiere dienen, werden von Fellachen, einfachen ägyptischen Bauern, geführt. Der älteste von ihnen fragt Geschem nach seinem Namen und dieser nennt ihm spontan die arabische Form (Ibn Ibrahim). Dies löst bei dem Fellachen sowohl Erstaunen als auch Verachtung aus, da er nicht verstehen kann, weshalb ein offenbar muslimischer Junge im Haus eines Juden lebt.

Geschem ist stolz, auf einem Kamel reiten zu dürfen, vor allem als er realisiert, wie ihn andere Jungen neidvoll betrachten. Geschem erinnert sich an den Traum, den er in der Nacht zuvor gehabt hat: Er ist inmitten eines Feuers gewesen, doch bevor Schlimmeres hat passieren können, hat ihn Elijahu gerettet. Auch die tröstenden Worte Elijahus, als er aus dem Traum erwacht ist, fallen Geschem wieder ein.

Die spöttischen Blicke des alten Fellachen veranlassen Geschem, über die Tatsache nachzudenken, dass er zwei Namen hat, einen arabischen und einen hebräischen. Dabei kommt er zu dem Schluss, es sei fast so schlimm, zwei Namen zu haben, wie gar keinen. Er schämt sich für seine Reaktion beim Aufbruch.

Der junge Muslim Mussa zeigt ihm die Stadt Jericho, in der viele Muslime leben. Geschem fühlt sich Mussa seltsam vertraut und beginnt wieder, sich über seine Herkunft und Identität den Kopf zu zerbrechen. Doch dann fällt Geschem eine Entscheidung: Er nimmt sich vor, sich zukünftig Geschem Ben Abraham zu nennen. Die Verbundenheit, die er Elijahu gegenüber empfindet, hat ihn diesen Entschluss fassen lassen.

Kapitel 16: Nichts ist mehr so, wie es einmal gewesen ist (Recha, S. 203–217)

Dajas Enthüllung trifft Recha unerwartet und hart: Daja erzählt, dass Recha als Säugling von ihrer Mutter einem Mönch mit dem Auftrag anvertraut worden ist, er solle das Kind zu Nathan bringen. Nathan ist also nicht Rechas leiblicher Vater und sie scheint auch keine Jüdin, sondern Christin zu sein. Dies habe Daja auch dem Tempelritter verraten, damit er Recha heiraten und Daja mit den beiden nach Deutschland zurückkehren könnte.

Für Recha ist daraufhin nichts mehr so, wie es noch vor wenigen Stunden gewesen ist. Dajas schlechtes Gewissen und die Beweggründe für die Enthüllung nimmt Recha wohl zur Kenntnis, kann ihr aber nicht vermitteln, wie sehr sie dies alles trifft. Verstört irrt sie durch die Stadt und fragt sich, wer sie eigentlich ist, wer ihre Mutter gewesen ist und welcher Religion sie tatsächlich angehört. Sie zweifelt an Nathan und fühlt sich von ihm belogen, weil er ihr die Wahrheit so lange verschwiegen hat. Sie empfindet außerdem Zorn auf den Tempelritter, den sie dafür verantwortlich macht, dass Daja auf die Idee gekommen ist, das Geheimnis zu verraten. Auf dem Weg durch die Stadt realisiert sie zum ersten Mal, wie viele arme und bettelnde Kinder es in Jerusalem gibt.

Recha irrt durch die Gassen der Stadt.

Wieder zu Hause trifft sie auf Geschem – auch ihn nimmt sie nun zum ersten Mal bewusst wahr. Die beiden kommen ins Gespräch und der Junge betont, wie dankbar er Nathan ist, der ihm einen Namen gegeben und ihn so zu jemandem gemacht hat, der dazugehört. Recha erkennt, welch großes Glück sie hatte, von Nathan aufgenommen worden zu sein. Sie fasst den Entschluss, sich so bald wie möglich mit Nathan auszusprechen.

Kapitel 17: Ein Mord geschieht (Elijahu, S. 218–229)

Elijahu erinnert sich an den Tag, an dem Nathan von Unbekannten ermordet worden ist. Er fragt sich im Nachhinein, ob es vielleicht doch eine Möglichkeit gegeben hätte, dem Schicksal auszuweichen. Seine Gedanken wandern zurück zu dem Abend, an dem er mit Nathan in den Palast des Sultans gegangen ist, um Sittah eine Auswahl wertvoller Stoffe zu zeigen, die sie bestellt hat, nachdem die lang erwarteten Steuereinnahmen aus Ägypten endlich eingetroffen sind. Er denkt auch daran, dass er Nathans Stolz und Freude über den Besuch im Palast damals nicht hat teilen können, sondern dass er schon beim Eintreffen ein unangenehmes Gefühl empfunden hat.

Im Palast haben sie auch al-Hafi und den Tempelritter getroffen, der sich mittlerweile Leu von Filnek nennt und – nach der Überzeugung Saladins – der Sohn von Assad ist, dem verschollenen Bruder des Sultans. Während Sittah die Stoffe begutachtet hat und Saladin, al-Hafi und Nathan sich freundschaftlich unterhalten haben, hat Elijahu beobachtet, wie Abu Hassan, der den Juden nicht wohlgesinnt ist, Nathan bedrohlich gemustert und sich dabei mit einem Krieger unterhalten hat, der daraufhin den Raum verlassen hat.

Als Nathan und Elijahu sich in der Nacht auf den Heimweg gemacht hatten, hatte Elijahu ein ungutes Gefühl. Er hat sich aber von Nathan beruhigen lassen und ihn um einen Rat seine Gefühle für Zipora betreffend gebeten. Wie immer ist Nathan einfühlsam mit Elijahu und seinem Anliegen umgegangen und hat ihn ermuntert, Zipora zu heiraten. Auf die Frage, weshalb Nathan selbst nicht noch einmal geheiratet habe, hat ihm dieser geantwortet, dass seine Trauer zu tief gewesen sei und er außerdem ja Recha habe, um die er sich kümmere.

Mitten im Gespräch sind die beiden von vermummten Männern überfallen worden. Elijahu ist dabei schwer verletzt, Nathan getötet worden. Mit letzter Kraft hat Elijahu den Toten nach Hause getragen, wo er selbst dann bewusstlos zusammengebrochen ist.

Kapitel 18: Nathans Erbin (Recha, S. 230–248)

Recha kann sich kaum an die Nacht erinnern, als ihr Vater gestorben ist – sie weiß nur noch, wie sehr Schmerz und Trauer sie überwältigt haben. Aber sehr wohl erinnert sie sich an das letzte Gespräch mit Nathan, in dem er ihr seine Geschichte erzählt und über die Dankbarkeit gesprochen hat, die er empfunden hat, als sie, Recha, zu ihm gebracht worden ist. Besonders seine Worte, Liebe schaffe mitunter eine stärkere Bindung zwischen Menschen als Blutsverwandtschaft, haben sie beeindruckt – und so ist Nathan wieder zu ihrem Vater geworden.

Die folgenden Tage sind von tiefer Trauer und den Beileidsbesuchen vieler Menschen geprägt, die Nathan geschätzt und verehrt haben. Al-Hafi besucht Recha täglich. Auch der ehemalige Tempelritter Leu von Filnek kommt in das Trauerhaus und Recha denkt an den Abend, als Nathan und er über ihre gemeinsame Vision eines friedlichen Miteinanders aller Menschen gesprochen haben. Leu von Filnek ist jedoch gekommen, um den Verdacht zu äußern, der Patriarch stecke hinter dem Mord. Jakob widerspricht und meint, wenn Elijahu aus seiner Bewusstlosigkeit erwache, könne er Angaben zu den Mördern machen. Recha möchte von Rache jedoch nichts hören und ruft den Männern Nathans Idee von einem liebenden Gott, der keinen Wert auf Rache legt, ins Gedächtnis zurück. Al-Hafi mischt sich in das Gespräch ein und erzählt Nathans Gleichnis von den drei Ringen. Alle Anwesenden sind von diesem Beispiel für Nathans Weisheit tief berührt.

Währenddessen ist Elijahu aus seiner Bewusstlosigkeit aufgewacht und äußert Recha gegenüber den Verdacht, Abu Hassan sei verantwortlich für den Mord an Nathan. Gleichzeitig macht er sich Vorwürfe, Nathan keinen Beistand geleistet zu haben. Aber Recha beruhigt ihn und sagt, sie wisse genau, wie viel Elijahus Treue und Freundschaft ihrem Vater bedeutet haben – vor allem nach dem Brand, bei dem Nathans Familie ums Leben gekommen ist.

Durch al-Hafi lässt auch der Sultan Recha sein Mitgefühl ausdrücken und so erfährt sie, dass er Nathan sehr geschätzt hat. Recha erzählt al-Hafi von ihrem Gespräch mit Nathan und von dessen Schicksal. Er zeigt sich beeindruckt von Nathans innerer Größe, die er dadurch gezeigt habe, dass er Rachsucht und Verzweiflung in Liebe zu den Menschen verwandelt hat.

Erneut erscheint Leu von Filnek bei Recha. Auf einem Spaziergang zum Bach Kidron gesteht er ihr, was er dem Patriarchen bei seinem Besuch gesagt hat, beteuert aber, Nathans Namen nicht genannt zu haben. Als er auf das Schicksal der Elternlosigkeit zu sprechen kommt, das sie seiner Meinung nach miteinander teilen, widerspricht Recha, denn ihrer Ansicht nach habe sie einen richtigen Vater gehabt, der sie geliebt habe. Leu von Filnek ist nach diesem Gespräch bedrückt. Recha empfindet Mitleid mit ihm und erklärt ihm, dass es für sie nicht wichtig sei, wer ihren Vater ermordet habe, sondern nur, dass er gelebt und so viel Gutes getan habe. So verabschieden sie sich voneinander und Recha geht zurück in Nathans Haus, das sie geerbt hat.

Nathans Erbe – seine „geistigen Kinder“

Recha

- Liebe ist wichtiger als Blutsverwandtschaft und Herkunft
- alle Menschen sind gleichwertig
- der Gott, an den sie glauben, ist ein liebender Gott

Tempelritter

- Wert eines Menschen ist unabhängig von seiner Religion
- Gottes Liebe gilt allen Menschen
- eigenes Denken und Beurteilen sind wichtig, Vorurteile müssen hinterfragt werden

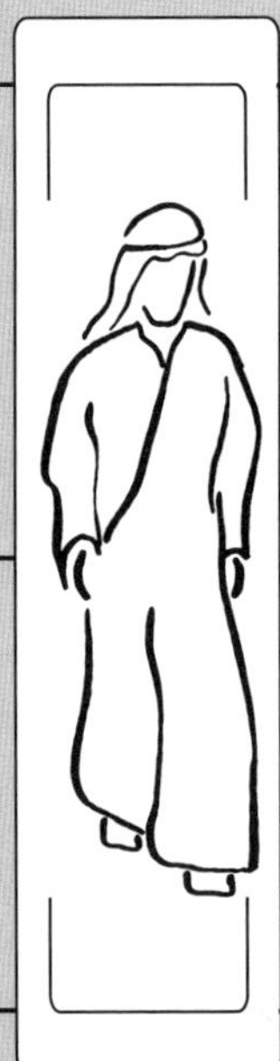

Elijahu

- Zusammengehörigkeit und Familie kann auch ohne Verwandtschaft entstehen

Saladin

- Religionen sind gleichwertig
- Freundschaft kann auch zwischen Menschen unterschiedlicher Herkunft entstehen

Geschem

- jeder muss Verantwortung für sich selbst übernehmen und das Beste aus dem eigenen Leben machen
- es ist wichtig, Vertrauen zu anderen Menschen zu fassen
- Zugehörigkeit

Daja

- man muss Verantwortung übernehmen für das, was man tut
- man darf nicht aus Egoismus in das Leben anderer eingreifen
- sogar schwerwiegende Fehler können verziehen werden

Textanalyse und Interpretation

1 Charakterisierung der Figuren

Wie die Figurenkonstellation (siehe Abb.) zeigt, lassen sich die Figuren des Romans in zwei Gruppen einteilen: Zum einen Nathans (näheres und weiteres) Netzwerk, zum anderen seine Gegenspieler. Während die Angehörigen seines Haushalts Nathan sehr eng verbunden sind, können der Tempelritter, Sultan Saladin und dessen Schwester Sittah dem weiteren Netzwerk zugeordnet werden. Sie werden erst im Verlauf der Handlung näher mit Nathan bekannt: Der Tempelritter und Nathan schließen bei dem gemeinsamen Abendessen Freundschaft, unter anderem deshalb, weil beide die Utopie einer besseren Welt teilen (vgl. S. 107). Saladin schätzt Nathan sehr, seit dieser ihm die Geschichte von dem Ring erzählt hat (vgl. S. 165). Zu den Gegenspielern Nathans gehören der Patriarch, der alles Nicht-Christliche verabscheut, sowie Abu Hassan, der Juden hasst (vgl. S. 137, 223) und eine Verschwörung gegen Saladin unterstützt (vgl. S. 94, 143).

Nathan

In Jerusalem heißt der jüdische Geschäftsmann Nathan allgemein „der Weise" (vgl. S. 23, 55). Nathan betont jedoch Sultan Saladin gegenüber, er selbst nenne sich nicht so (vgl. S. 156). Seiner Gerechtigkeit, Güte und Barmherzigkeit wegen wird er **allseits geschätzt** und verehrt (vgl. S. 16, 55, 98, 212) – auch über seinen Tod hinaus (vgl. S. 233). Eine besondere Gabe ist seine Fähigkeit, den „Menschen ins Herz" (S. 224) schauen zu können. Er ist **sensibel** für Stimmungen und Gefühle anderer Personen. Dies zeigt sich daran, wie feinfühlig er mit anderen Menschen umgeht.

Reicher jüdischer Geschäftsmann

Der Geschäftsmann Nathan ist weltläufig, wohnt in einem prächtigen und vornehmen Haus in Jerusalem und spricht eine Reihe von Fremdsprachen, um mit seinen Geschäftspartnern verhandeln zu können (vgl. S. 38 f.) – unter anderem Deutsch. In dieser Sprache unterhält er sich auch mit Daja, als er sie als Erzieherin für seine Tochter Recha in sein Haus holt (vgl. S. 37 f.). Seinen Reichtum sieht er eher als ein Geschenk Gottes (vgl. S. 15) an, denn als ein Ergebnis eigener Leistung, auch wenn er stolz auf seine exklusiven Waren ist (vgl. S. 219). Finanzielle Unterstützung lässt Nathan jedem zukommen, der in Not ist – unabhängig von dessen Religionszugehörigkeit (vgl. S. 212) und Stand. Aus dieser **Großzügigkeit** wird auch ersichtlich, dass ihm seine materiellen Reichtümer im Grunde nichts bedeuten.

Figurenkonstellation

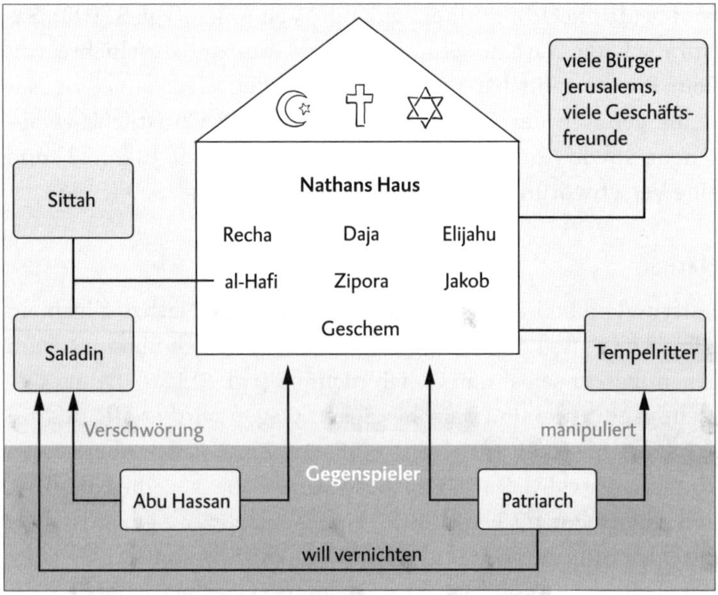

Vaterliebe

Das Wichtigste in Nathans Leben ist seine Tochter Recha. Seine Reaktion, als er von der Geschäftsreise zurückkommt und von dem Brand in seinem Haus erfährt (vgl. S. 25), zeigt dies: Nathan wendet sich zuerst Recha zu und ist überglücklich über ihre Unversehrtheit. Seine Dankbarkeit über die Rettung Rechas, aber auch seine Ehrerbietung und Demut beweist Nathan dem Tempelritter, indem er vor ihm auf die Knie fällt (vgl. S. 101). Seine Vaterliebe – aber auch sein Verständnis für den jugendlichen Tempelritter – ist so groß, dass er sich von dessen Beleidigungen nicht erschüttern lässt (vgl. S. 103).

Da ihm Erziehung und Bildung seiner (Adoptiv-)Tochter sehr am Herzen liegen, hat er Daja als Erzieherin und Gesellschafterin eingestellt. Seine große Liebe zu Recha lässt ihn zwar immer wieder **nachgiebig** ihr gegenüber sein (vgl. S. 26) und ist wohl auch ein Grund dafür, dass er sie noch nicht verheiratet hat (vgl. S. 58), veranlasst ihn aber auch, sie in ihrer Entwicklung zu einer vernünftigen, starken und toleranten Persönlichkeit zu fördern. So macht er ihr beispielsweise klar, dass es zwar schön sein mag, an die Rettung durch einen Engel zu glauben, es aber mutiger ist – und letztlich sogar einfacher –, einem Menschen zu danken und diesem seine Zuneigung zu zeigen (vgl. S. 57 f., 63). Nathan fordert seine Tochter also dazu auf, zu ihren Gefühlen, aber auch zu ihren Verpflichtungen zu stehen. Dabei spricht er ernsthaft und auf Augenhöhe mit ihr (vgl. S. 57). Er erweist seiner Tochter damit den **Respekt** gegenüber anderen Menschen, zu dem er sie erziehen möchte. Aus diesem Grund würde er Recha auch nie ohne ihren ausdrücklichen Wunsch verheiraten (vgl. S. 174).

Nathan ist ein einfühlsamer Vater. Er weiß um Rechas Liebeskummer und schlägt deshalb die Reise nach Jericho vor, damit seine Tochter auf andere Gedanken kommt (vgl. S. 192). **Einfühlungsvermögen** beweist Nathan auch in der Aussprache mit ihr, indem er offen über sein Schicksal und ihre Herkunft spricht. Dabei macht er deutlich, dass die wirklich tragfähige Bindung

Recha und Nathan. „Nathan der Weise“ im Vogtland Theater Plauen,1998.

zwischen Menschen die Liebe und nicht die Blutsverwandtschaft ist (vgl. S. 232 f., 242, 245 f.). Nathans Vaterliebe reicht sogar über den Tod hinaus. Durch seinen Reichtum ist Recha für die Zukunft materiell abgesichert (vgl. S. 241), seine Erziehung hat sie selbstständig gemacht. Aber nicht nur das, auch Nathans zahlreiche Freunde werden sie auf dem Weg in ihr „neues Leben“ (S. 241) unterstützen.

Mitmenschlichkeit, Güte, Toleranz und Vernunft

Ein großer Schicksalsschlag, der vor dem erzählten Geschehen liegt, prägte Nathan zutiefst und trug entscheidend zur Entwicklung seiner Tugenden bei. Bei einem Brand in seinem Haus in Gath, den christliche Kreuzfahrer gelegt hatten, kamen seine Frau und seine sieben Söhne ums Leben (vgl. S. 45 f.). Das Feuer, das in seinem Haus in Jerusalem ausbricht und das seine Tochter Recha glücklicherweise überlebt, löst bei Nathan Erinnerungen aus:

> *[...] jegliche Farbe wich aus seinem Gesicht, nur seine Augen glühten und sprangen ihm fast aus den Höhlen, seine Hände ballten sich zu Fäusten und fuhren himmelwärts, und ein sonderbares Röcheln drang aus seiner Kehle, wie der Laut eines abgestochenen Tieres.* (S. 43)

Nur zu gut kennt Elijahu dieses Verhalten – er beobachtete es bereits 18 Jahre zuvor –, es spiegelt Nathans seelischen Schmerz wider (vgl. S. 43/45). Damals überwältigte ihn der Kummer über den grausamen Tod seiner Familie so sehr (vgl. S. 45 f.), dass er sich an den Christen rächen wollte. Trauer und Verzweiflung hatten ihn geradezu erstarren und teilnahmslos werden lassen, andere Menschen vermochte er nicht mehr wahrzunehmen:

> *Sein Gesicht war starr und ausdruckslos wie das eines Menschen, dessen Geist die Welt verlassen hat, und er war so ruhig geworden [...].* (S. 47)

Elijahu vergleicht Nathans damalige Lage mit der des Hiob, wie sie im Alten Testament beschrieben wird. Hiob verlor ebenfalls sieben Söhne und hatte großes Leid zu erdulden, bis er am Ende von Gott dafür belohnt wurde. Auch Nathan wurde am Ende des siebentägigen Trauersitzens getröstet, indem ihm ein elternloses Baby anvertraut wurde – Recha. Nathan sah dies als ein Zeichen Gottes an: „Gott hat mir eines für sieben gegeben." (S. 48) Nachdem er Recha als Kind angenommen hatte, durchlebte er einen äußeren und inneren Wandel. In ihm reifte die **Erkenntnis**, die sein Leben von nun an bestimmen sollte:

> *Gott ist fern, aber die Menschen sind nah. [...] [D]as höchste Ziel der Menschen muss die Vernunft sein. Vernunft und die Liebe zu anderen Menschen.* (S. 48)

Das heißt nun aber nicht, dass sich Nathan von Gott lossagte. Er erkannte vielmehr, worauf es im Leben wirklich ankommt, nämlich auf aufrichtige und vorurteilsfreie Mitmenschlichkeit. Er überwand den Schmerz und verwandelte ihn in moralische Stärke. Hier wird im Grunde schon die aufklärerische Botschaft vorweggenommen, die Nathan später im Gleichnis von dem Ring Sultan Saladin vermitteln wird.

Neben diesem inneren Wandel veränderte Nathan sich auch äußerlich. Er bekam graue Haare und sein Aussehen glich dem eines „Wüstenbewohners" – er „war nicht wiederzuerkennen" (S. 48), so Elijahu. Auch wenn sich Nathan täglich an sein schlimmes Schicksal erinnert (vgl. S. 51), spricht er nicht darüber: „Dieses Leid gehört mir [...]" (S. 52).

So sind es zwei Brände, die Nathans Leben bestimmen. Der erste Brand zerstörte sein bisheriges Leben auf grausamste Weise, gab ihm aber dennoch die Chance zu einem Neuanfang. Der zweite hat für Nathan und die anderen Figuren eine Reihe von Konsequenzen:

- noch einmal bekommt Nathan seine Tochter geschenkt,
- Nathan wird auf den Waisenjungen Geschem aufmerksam und gibt ihm seinen Namen,
- Recha verliebt sich in ihren Retter, den Tempelritter,
- der Tempelritter und Nathan werden Freunde,
- Daja verrät Nathan (und Recha),
- letztlich wird aber auch der Patriarch durch die Verbindung Nathans mit dem Tempelritter auf Nathan aufmerksam

Am Abend des zweiten Brandes gibt Nathan dem Waisenjungen, der von Elijahu in sein Haus gebracht wurde, einen Namen – der Junge wünscht sich, „Geschem“, Regen, zu heißen (vgl. S. 22). Die Namensgebung ist eine Aufgabe, die eigentlich einem Vater zusteht (vgl. S. 20). Nathan, berührt von Geschems Schicksal, übernimmt also gleichsam **väterliche Verantwortung** für ihn und möchte ihm in der Gemeinschaft seines Hauses eine Heimat schenken (vgl. S. 53). Gleichzeitig erkennt er Geschem in seiner Individualität an (vgl. S. 22, 216). Die Sorge des Jungen, er wisse nicht, welcher Religion er angehöre, zerstreut Nathan mit dem Hinweis, dass alle „Abrahams Söhne“ seien (S. 22). Eine fortschrittliche und tolerante Aussage, die Elijahu beispielsweise zunächst als „ketzerisch“ empfindet (S. 54), und die wiederum einen Teil der Botschaft des Gleichnisses von dem Ring, dem Kernstück des Romans, vorwegnimmt. Nathans Fürsorge Geschem gegenüber kann einerseits in Zusammenhang mit seinem eigenen Schicksal gesehen werden, denn beide haben Verluste erlitten und sind traumatisiert durch einen Brand. Andererseits ist sie aber auch ein Indiz für Nathans ehrliche und tief empfundene Mitmenschlichkeit, seine Art von **gelebter Religiosität:**

„Ich frage mich manchmal, was uns zu Menschen macht [...]. Gott ist unerreichbar, und wir können ihm nur dadurch nahe sein, dass wir seine Geschöpfe lieben. Das ist es, was er von uns fordert, und das ist es, was unserem Leben Sinn und Bedeutung gibt." (S. 54)

Nathan wird auf die Probe gestellt, als er erfährt, dass sein Freund al-Hafi nicht nur in Saladins Dienst steht, sondern auch dessen Vetter ist. Aus seiner Abneigung dem Sultan gegenüber macht Nathan keinen Hehl und zeigt plötzliches Misstrauen gegenüber seinem Freund (vgl. S. 87). Daja ist es schließlich, die ihn zur **Vernunft** mahnt:

„Höre, Nathan, es ist die Hand Gottes, die es so gefügt hat. Saladin hat dem Tempelritter das Leben geschenkt. [...] [D]iesem Tempelritter hast du zu verdanken, dass deine geliebte Tochter noch lebt, vergiss das nicht." (S. 88 f.)

Und auch al-Hafi setzt Nathan mit dessen eigenem Grundsatz quasi schachmatt („Uns war nur wichtig, was für ein Mensch der andere ist, nicht, was ihn zu diesem Menschen gemacht hat.", S. 89) und zitiert eine entsprechende Stelle aus dem Koran.

Während in dieser Situation Daja und al-Hafi an Nathans Toleranz appellieren, belehrt, ja erzieht Nathan den Tempelritter bei ihrer ersten Begegnung. Mit den Worten „Es gibt in jedem Volk gute und ehrliche Menschen, egal zu welchem Gott sie beten [...]" (S. 105) versucht er, dem Tempelritter das Herz für eine tolerantere und vernünftige Haltung andersgläubigen Menschen gegenüber zu öffnen. Nathan konkretisiert diese Aussage, indem er weiter sagt:

„Denn für Gott ist jedes einzelne Leben wertvoll, seine Liebe gilt allen Menschen, und für den, der Himmel und Erde erschaffen hat, sind wir Brüder, egal in welchem Haus wir leben, ob in einem jüdischen, einem christlichen oder muslimischen [...]." (S. 105)

Diese Botschaft Nathans passt konsequent in die Kette seiner bis zu diesem Zeitpunkt getroffenen Aussagen. Sie ist seine radikalste bisher, denn er benennt ganz klar, wem Gottes Liebe gilt, nämlich Juden, Christen und Muslimen gleichermaßen, einfach allen Menschen. Auch diese Aussage deutet bereits auf die zentrale Stelle des Romans hin – das Gleichnis von dem Ring. So führen vier Vorausdeutungen Nathans zum eigentlichen Kernstück des Romans (siehe *Interpretationshilfe*, S. 88 ff.). Im Grunde ist dieses Gleichnis das Konzentrat von Nathans toleranter und vernünftiger Haltung seinen Mitmenschen gegenüber. Das wird vor allem am Schluss des Gleichnisses deutlich, als Nathan den Richter sagen lässt:

> *„Soll jeder glauben, er sei im Besitz des rechten Rings. Denn eines steht fest, euer Vater hat euch geliebt, alle drei. Seid dankbar für diese Liebe, und bemüht euch, den Beweis für die Echtheit eures Rings zu erbringen, indem ihr sanftmütig und verträglich seid und nach guten, gottgefälligen Werken strebt.“* (S. 163)

Utopie

Nathans Traum von der Welt, „wie sie sein sollte“ (S. 107), findet sich einerseits deutlich formuliert im Alten Testament, nämlich im Buche des Propheten Jesaja in seiner Ankündigung des messianischen Reiches (Jesaja 11, 6–9). Nathan und der Tempelritter zitieren sie im Wortlaut bei ihrem gemeinsamen Abendessen (vgl. S. 107). Andererseits findet Nathan nach dem Treffen mit dem Sultan im Rosengarten eigene Worte für seine Utopie. Dabei beginnt er drei Mal hintereinander seine Sätze mit **„Ich habe einen Traum** ...“ (S. 166) (siehe *Interpretationshilfe*, S. 80 f.), entwirft ein Wunschbild und ist sich dabei der grausamen Realität durchaus bewusst, denn an eine Verwirklichung glaubt er nicht: „Aber es ist nur ein Traum. Die Wirklichkeit ist eine andere.“ (S. 166) Nathan wirkt hier fast resigniert und mutlos.

Recha

Über Rechas Herkunft ist nicht viel bekannt. Auch Nathan kannte ihre Mutter, die „eine Fremde [...] von jenseits des Meeres" (S. 207) war, nicht. Er konnte sich auch nicht erklären, weshalb sie ihn vor ihrem Tod als Adoptivvater für ihre Tochter auswählte und einen Klosterbruder beauftragte, die kleine Recha zu ihm zu bringen (vgl. S. 47, 245). Höchstwahrscheinlich war Rechas Mutter Christin, sonst hätte sie ihre neugeborene Tochter vermutlich nicht einem Klosterbruder anvertraut. Damit ist auch Recha eigentlich **Christin** (vgl. S. 174, 204).

Sorglose und behütete Kindheit

Im wohlhabenden Haus ihres Vaters verlebte Recha eine glückliche und behütete Kindheit. Ihre drei Freundinnen Lea, Ruthi, Schoschi und sie wuchsen wie Schwestern auf und wurden auch gemeinsam unterrichtet (vgl. S. 117 f.). Mütterliche Zuwendung erfuhr und erfährt sie durch ihre Erzieherin Daja (vgl. S. 26), die ihr auch Deutsch beibrachte. Mit Daja besuchte sie ab und zu die Grabeskirche, sodass ihr christliche Traditionen wohl nicht ganz fremd sind.

Die Grabeskirche, eines der größten Heiligtümer des Christentums.

Der Brand verändert ihr Leben

Nach dem Brand und ihrer Rettung durch den Tempelritter durchlebt Recha eine **äußere und eine innere Entwicklung:** Schon immer ist die nun 18-Jährige wohl ein hübsches Mädchen gewesen, aber nach dem Brand scheint sie jegliche Kindlichkeit verloren zu haben. Ein Blick in den Spiegel (siehe *Interpretationshilfe*, S. 82) zeigt ihr, dass sie erwachsen geworden ist:

> *Das Bild, das mir entgegenblickte, war mir seltsam fremd, als hätte ich diese Frau noch nie gesehen. Ihre Züge schienen über Nacht die kindlichen Rundungen verloren zu haben [...].* (S. 112)

Dabei nimmt Recha ihr Aussehen kritisch wahr und sie fragt sich, ob sie dem Tempelritter gefallen würde (vgl. S. 112). Ihr Aussehen scheint eher europäisch zu sein. Ihrer Schönheit hat das **Erwachsenwerden** keinen Abbruch getan, wie sie selbst feststellt (vgl. S. 114). Die ernsten Worte Nathans bezüglich ihrer naiven Meinung, ein Engel habe sie aus den Flammen gerettet (vgl. S. 14, 28, 56 f.), lassen in Recha einen inneren Entwicklungsprozess beginnen. Sie spürt, dass der Brand ihre Wahrnehmung geschärft hat:

> *Mir war, als sähe ich heute alles zum ersten Mal, als wären meine Augen bis zu diesem schrecklichen Brand mit Blindheit geschlagen gewesen.* (S. 61)

Am Tag nach dem Brand bemerkt sie bei ihrem Spaziergang – wohl zum ersten Mal – die zerlumpten und großteils behinderten Bettler am Straßenrand (vgl. S. 60 ff.). Recha realisiert, wie wertvoll und kostbar das Leben ist, und versteht schließlich, dass es tatsächlich leichter ist, einen Menschen zu lieben als einen Engel.

Beim Anblick des Tempelritters **verliebt** sie sich in ihn und ist überwältigt von ihren Gefühlen. Ihr Herz macht „einen Sprung" (S. 65), sein Anblick trifft sie „wie ein Blitz", sie fühlt sich unsicher und kann ihn nicht ansprechen, denn sie ist „wie festgenagelt" (S. 66). Obwohl sie sich entschieden hat, dem Tempelritter zu danken, traut sie sich nicht, ihm alleine gegenüberzutreten. Als der Tempelritter zum gemeinsamen Abendessen kommt, ist Recha sehr schüchtern und zurückhaltend (vgl. S. 108). In der darauffolgenden Nacht hat sie einen seltsamen **Traum**, der sie verwirrt (siehe *Interpretationshilfe*, S. 80 f.).

Auch das Verhältnis zu ihrer Freundin Lea scheint sich verändert zu haben – ihre unterschiedlichen Lebenssituationen entfernen sie voneinander (vgl. S. 119). Ganz bewusst kann Recha nun ihr Zuhause schätzen, denn sie weiß jetzt, wie wertvoll es ist, Menschen zu haben, zu denen man gehört und von denen man sich angenommen fühlt (vgl. S. 119). Ein wichtiger Meilenstein in Rechas innerem Reifeprozess ist die **Krise**, in die sie stürzt, als Daja ihr eröffnet, Nathan sei nicht ihr leiblicher Vater und sie sei überdies keine Jüdin, sondern Christin. Rechas bisherige Welt scheint zu zerbrechen (vgl. S. 203 ff.), denn sie glaubt, kein Zuhause mehr zu haben (vgl. S. 206).

Da sie es nach Dajas **Verrat**, der sie enorm verletzt und von Daja entfernt, nicht mehr im Haus aushält, läuft sie hinunter zum Kidrontal und stellt sich die wichtigste Frage überhaupt: „Wer war ich dann?“ (S. 208) Im trockenen Bachbett angekommen gehen ihr viele Gedanken durch den Kopf, sie sehnt sich nach ihren unbeschwerten Kindertagen zurück und beginnt, die Liebe des Tempelritters anzuzweifeln. Sie überlegt, welchen Wert seine Liebe hätte, wenn sie davon abhängig wäre, welcher Religion sie angehört. Sie kommt zu dem Schluss, dass sie die Aussprache mit Nathan suchen muss. Recha durchläuft also während dieser Wanderung eine innere Entwicklung: Von großer Verzweiflung und Seelennot getrieben, gelangt sie zu der einzig vernünftigen Einsicht, ein klärendes Gespräch zu führen. Die Begegnung mit den vielen bettelnden Kindern auf dem Nachhauseweg und vor

Daja und Recha. „Nathan der Weise“ am Bayerischen Staatsschauspiel 2003.

allem das anschließende Gespräch mit Geschem („Seltsam, dieser Junge hatte etwas in mir verändert.“, S. 217; siehe *Interpretationshilfe*, S. 92 f.) lassen sie erkennen, welches **Glück** sie hatte.

Nathans Erbin

Nathans Tod ist der absolute Tiefpunkt (vgl. S. 230 ff.). Aber gerade in diesem tief empfundenen Schmerz zeigt sich Rechas **erlangte Reife:** Ihre schwärmerische Liebe zu dem Tempelritter hat sich verändert und Recha beginnt, sich von ihm zu distanzieren (vgl. S. 235 f.). Als er und Jakob beginnen, von Rache zu sprechen, weist sie beide in ihre Schranken und erweist sich in ihrer Haltung als wahre Erbin Nathans: „Mein Vater hat nie vom Gott der Rache gesprochen, immer nur vom Gott der Liebe.“ (S. 237) Rechas innere Distanz zum Tempelritter wird noch größer, als er ihr von seinem Besuch beim Patriarchen erzählt (vgl. S. 244). Er versucht, wieder Nähe zu Recha herzustellen, indem er ihr gemeinsames Schicksal als „verlassene, elternlose Kinder“ (S. 245) thematisiert, doch sie grenzt sich klar von ihm ab: „Ich hatte einen Vater, der mich liebte.“ (S. 245), denn von Nathan hat sie gelernt, dass die Liebe „stärker als Blut“ (S. 246) sein kann (siehe *Interpretationshilfe*, S. 35 f.). So trennen sich die beiden.

Es scheint, als sei Recha zu großer **innerer Stärke** gelangt (ebenso wie Nathan nach seinem Schicksalsschlag in Gath), denn, im Gegensatz zum Tempelritter, der sich gerne in die Obhut des Sultans begeben hat, benötigt sie niemanden, der sie leitet. Sie wird zwar von al-Hafi unterstützt und auch in Elijahu hat sie einen väterlichen Freund und Helfer, doch ihre neue Rolle als **Herrin** nimmt sie gelassen und mit Zuversicht an.

Ob Recha Daja verzeihen kann, bleibt offen. Vermutlich hat sie es aber getan – so wie ihr Vater es wohl auch getan hat. Trotz aller Trauer weiß Recha, dass sie, durch Nathans Erziehung stark gemacht, seinen geistigen Nachlass weitergeben wird:

„[...] ich werde eines Tages einen Sohn haben. Ich werde ihn Nathan nennen, und ich werde ihn lehren, dass es nichts Größeres auf dieser Welt gibt als Liebe und Barmherzigkeit. Ich werde dafür sorgen, dass mein Vater in seinen Kindeskindern weiterlebt." (S. 243)

Daja

Daja wuchs nach dem Tod ihrer Eltern bei ihrer übermäßig frommen, strengen und lieblosen Großmutter auf (vgl. S. 27 f.). Als in ihrem Heimatdorf Kreuzfahrer ihr Lager aufschlugen, verliebte sie sich in den jungen Pilger Gisbert (vgl. S. 29). Die allgemeine Kreuzzugsbegeisterung, die Aussicht auf Sündennachlass, die Eintönigkeit ihres bisherigen Lebens und ihre Abenteuerlust veranlassten Daja, sich der Gruppe anzuschließen (vgl. S. 30 f.). Auf den Hunger sowie auf die Strapazen und Gefahren einer solchen Unternehmung war die junge Frau natürlich nicht vorbereitet (vgl. S. 31 ff.). Sie musste beispielsweise erleben, wie der Mann ihrer Freundin Bernhild ermordet wurde und diese selbst nach einer Vergewaltigung starb (vgl. S. 34 f.). Ihr eigener Mann Gisbert kam kurz vor dem Erreichen Jerusalems in einem „Hinterhalt der Ungläubigen" (S. 36) ums Leben. In dieser scheinbar **ausweglosen Situation** traf sie auf Nathan, der sie in sein Haus holte (vgl. S. 37). Als Witwe und schutzlose Frau war dies im Grunde das Beste, was ihr widerfahren konnte – dessen ist sie sich bewusst: „[...] nie war mein Leben so angenehm gewesen wie hier, in Nathans Haus." (S. 39)

Erzieherin und Gesellschafterin Rechas

Im Hause Nathans unterstützt sie ihn bei der Erziehung Rechas. Daja gewinnt das Mädchen sehr lieb und, solange Recha klein ist, schläft sie auch bei ihr (vgl. S. 28, 39). Sie lehrt das Mädchen die deutsche Sprache und lernt selbst die arabische – mitunter vergisst sie sogar, dass Deutsch eigentlich ihre Muttersprache ist (vgl. S. 38). Aber auch **Luxus und Bequemlichkeit** gewinnen für Daja zunehmend an Bedeutung (vgl. S. 39). Darüber hinaus genießt sie ihre gute gesellschaftliche Stellung, die – und das weiß sie genau – einzig und allein an Recha gebunden ist. Ohne sie würde Daja ihr Recht verlieren, in Nathans Haus zu leben (vgl. S. 39), und müsste im schlimmsten Fall wieder zurück in das Elend, aus dem sie kam (vgl. S. 40).

Vermutlich ist Daja auch **Nathans Geliebte**, zumindest lässt er sie in der Nacht manchmal zu sich kommen (vgl. S. 39). Das Judenbild, das sie aufgrund ihrer Erfahrungen in der Heimat im Kopf hatte, revidiert sie nach ihrer Ankunft bei Nathan recht schnell: „Umso mehr, als er ganz anders aussah als die armseligen, unterwürfigen Juden, die ich aus meiner Heimat kannte." (S. 39) Auch wenn sie in Nathan zuvorderst den selbstbewussten und reichen Mann sieht und weniger den Juden, so hat Daja nach wie vor **Vorurteile**, beispielsweise Sultan Saladin und den anderen Muslimen gegenüber (vgl. S. 40).

Sowohl beim Gespräch mit Nathan und al-Hafi (vgl. S. 88) als auch bei ihrer ersten Begegnung mit dem Tempelritter zeigt Daja allerdings, dass sie vom Geist der Toleranz und Vernunft beeinflusst ist, der in Nathans Haus herrscht. Die kränkenden Worte des Tempelritters zu Nathan, seine Selbstgerechtigkeit und seine Verachtung Juden gegenüber lassen in Daja heftigen Zorn aufsteigen und wecken lange **verdrängte Erinnerungen** an ihre schlimme Kindheit. Sie beschimpft den Tempelritter – gleichsam anstelle ihrer Großmutter:

> *„So spricht ein Christ? Hat unser Heiland selbst uns nicht gelehrt, die Menschen zu lieben und Achtung vor Gottes Geschöpfen zu haben? Gelten Hochmut und Selbstgerechtigkeit denn nicht als Sünde [. . .]?"* (S. 103 f.)

Gleichwohl macht dieser Zorn schnell Platz für Mitleid und mütterliche Gefühle und sie entschuldigt sich (vgl. S. 105).

Dajas Verrat

Daja glaubt, von einem „bösen Geist besessen“ (S. 167) zu sein, anders kann sie sich ihren Verrat an Nathan, ihrem „Retter“, mit dem sie „mehr als nur Freundschaft“ verbindet und dem sie „alles zu verdanken“ (S. 167) hat, nicht erklären. Ihr plötzliches **Heimweh** nach der „alte[n] Heimat“ (S. 171) stellt alles, was ihr in Nathans Haus Gutes geschehen ist, infrage und sie fühlt sich, als sei sie „[v]on einem Moment zum nächsten [...] ein anderer Mensch geworden“ (S. 171). Bevor sie sich mit dem Tempelritter trifft, zieht sie sich zurück und meidet jeden Kontakt zu den übrigen Hausbewohnern (vgl. S. 172). Ihr ist, „als stritten zwei Frauen“ (S. 172) in ihrem Kopf, in ihrer Seele:

> *Die eine war die sanftmütige, freundliche Dame, zu der mich ein sorgenfreies, angenehmes Leben gemacht hatte, die andere war die heimatlose Landstreicherin, die durch Not und Entbehrung hartherzig und rücksichtslos geworden war.* (S. 172)

Ihr **Egoismus** ist in diesem Moment so stark, dass sie nicht als arme Frau zurück nach Deutschland möchte, sondern als Gesellschafterin Rechas, wenn diese die Frau des Tempelritters geworden wäre (vgl. S. 172). Dazu muss sie in das Leben der jungen Leute eingreifen, was sie damit entschuldigt, dass sie lediglich die „**Wahrheit**“ preisgeben würde. Aufgerieben von ihrem inneren Zwiespalt, gleichzeitig bewegt von Nathans Güte seiner Tochter gegenüber und angerührt von Rechas unschuldiger Jugend, entscheidet sich Daja gegen den Verrat. Und verrät Nathan dann doch – gegen ihren eigenen Willen (vgl. S. 173 ff.).

Obwohl Daja von ihrem schlechten Gewissen geplagt wird, kann sie ihren Verrat nicht mehr rückgängig machen (vgl. S. 205 ff.). All ihre verzweifelten Erklärungsversuche und Entschuldigungen, die sie im Gespräch mit Recha ins Feld führt, können ihren **Treuebruch** nicht mildern (vgl. S. 207 f.). Allerdings bleibt Daja im Hause Nathans – wahrscheinlich auch dann noch, als es Rechas geworden ist.

Elijahu

Elijahu ist Nathans Verwalter – er kennt und begleitet ihn am längsten. Er weiß von Anfang an um Nathans schlimmen Schicksalsschlag und um Rechas Herkunft (vgl. S. 43 ff.). Um ihn zu schonen, spricht er ihn nie darauf an und verschweigt ihm auch Geschems Brandwunden, um die Erinnerungen nicht zu wecken. In gewisser Weise ist er jedoch gekränkt, dass Nathan nie über seine Gefühle spricht und sich ihm nicht anvertraut (vgl. S. 51). Für Elijahu ist Nathan sein „Herr und Bruder" (S. 43), den er stützt, wenn er Unterstützung braucht (vgl. S. 43), und der ihm vertraut (vgl. S. 52). Dessen Erfolge, die er darauf zurückführt, dass Nathan von Gott begünstigt wird, machen ihn stolz (vgl. S. 41, 222).

Nathans Ansichten befremden ihn manchmal, beispielsweise als dieser ihm vorschlägt, er solle sich um Geschem wie um einen Sohn kümmern (vgl. S. 53). Auch Nathans Aussage, alle Menschen seien „Abrahams Kinder", entsetzt ihn zunächst, weil er sie als ketzerisch empfindet (vgl. S. 54). Da er aber großes **Vertrauen** zu Nathan hat, lässt er sich leicht überzeugen und die neue Aufgabe erscheint ihm folgerichtig und passend. Im Lauf der Zeit entwickelt er tatsächlich väterliche Gefühle (vgl. S. 196 f., 202).

Elijahu bleibt gerne **unauffällig** und scheut sich, selbst „in den Bereich der Macht zu geraten" (S. 219) – wie an dem Abend, als Nathan ermordet wird. Obwohl er selbst schwer verletzt wird, schafft er es, den toten Nathan nach Hause zu tragen. Das ist der letzte Freundschaftsdienst, den er ihm erweisen kann (vgl. S. 228 f.). Dennoch macht er sich nach Nathans Tod schwere Vorwürfe. Recha ist es, die ihn in dieser Situation trösten kann, indem sie ihm erzählt, was ihr Nathan über seine Freundschaft mit Elijahu anvertraute: „Er hat gesagt, ohne dich und deine Hilfe hätte er das nicht überstanden. Du seist ihm immer ein **treuer Freund und Bruder** gewesen." (S. 241) Elijahu bleibt im Hause Nathans und wird nun Recha unterstützen (vgl. S. 241).

Geschem

Geschem ist eines von vielen Waisenkindern, die Jerusalem zu jener Zeit so zahlreich bevölkerten und die von vielen Bewohnern und Besuchern der Stadt als lästige Plage wahrgenommen wurden (vgl. S. 215). Seine Eltern kennt der Junge nicht. Wahrscheinlich überlebte er einen schweren Brand – seine „furchtbare[n] Narben" (S. 50) am Körper zeugen davon – und ist seitdem **traumatisiert** (vgl. S. 18 f., 196 f.). Er wurde von Elijahu ins Haus gebracht und von der Köchin Zipora gepflegt, der er seitdem in der Küche zur Hand geht (vgl. S. 20 f.). Geschems Hinken kommt wohl ebenfalls von seinen schweren Brandverletzungen.

Sein Trauma mag dafür verantwortlich sein, dass er Recha während des Brandes nicht helfen kann (vgl. S. 9 ff.). Die schweren Vorwürfe, die er sich danach macht, und seine abwertende Selbstwahrnehmung zeigen ganz deutlich, wie **wenig Selbstbewusstsein** der Junge hat (vgl. S. 12). Auch als er vom guten Ausgang des Brandes erfährt, hat er noch Schuldgefühle: „[...] [Nathan] musste nach Hause zurückgekehrt sein, während meine Seele sich vor **Angst** in einem Mauseloch verkrochen hatte." (S. 13) **Scham und Demut** sind die Gefühle, die der Junge in seinem bisherigen Leben wohl am häufigsten empfunden hat (vgl. S. 12, 21). Wie alle Menschen ist er sehr empfänglich für freundliche Zuwendung, dann wird ihm „warm ums Herz" (S. 18, vgl. auch S. 22). Aber meist nimmt ihn niemand richtig wahr (vgl. S. 216). Er ist nicht an Berührungen gewöhnt (vgl. S. 21), sondern viel eher daran, Anweisungen zu erhalten (vgl. S. 17, 19 f.). Als er am Abend nach dem Brand im kühlen Innenhof des Hauses auf Nathan trifft, ist es nicht verwunderlich, dass er zunächst erschrickt, als dieser ihn anspricht.

„Dann wirst du in Zukunft also Geschem heißen, Regen."

Rund zwei Jahre lang, bis zum Brand, lebte Geschem **namenlos** in Nathans Haus und man nannte ihn nur „Junge" (S. 20). Er hat aber wohl schon länger **Vertrauen zu Nathan** gefasst und öffnet sich ihm, nachdem er ihm vom Tempelritter berichtet hat (vgl. S. 20 f.). Die Tatsache, dass er nicht weiß, welcher Religion er angehört, verwirrt und beschämt ihn zwar, aber er lässt sich auf Nathans Vorschlag ein, sich einen Namen auszusuchen (vgl. S. 22). Und so wählt sich der namenlose Junge einen Namen, der vor dem Hintergrund seiner bisherigen Lebensgeschichte nicht nur Sinn ergibt, sondern für ihn vielleicht auch eine Art Schutzfunktion für sein weiteres Leben haben wird. Er nennt sich von nun an **Geschem**, **Regen**: „Wasser, das vom Himmel fällt. Wasser, das jedes Feuer löscht." (S. 22; siehe *Interpretationshilfe*, S. 72 ff.) Geschem ist berührt und durcheinander – er genießt Nathans väterliche Zuwendung, obwohl sie ihm gleichzeitig auch bewusst macht, wie einsam er eigentlich ist (vgl. S. 22).

Geschem reift in Elijahus Obhut

Wie von Nathan beabsichtigt fasst Geschem Zuneigung und großes Vertrauen zu Elijahu (vgl. S. 59 f.). Nach dem Überfall pflegt er den Schwerverletzten liebevoll (vgl. S. 239). Unter Elijahus Fittichen kann Geschem seine **Talente entdecken und entwickeln** (vgl. S. 193) und er beginnt, selbstbewusster zu werden. Ein eigenes Kamel reiten zu dürfen macht ihn stolz und er genießt die neidischen Blicke der anderen Jungen (vgl. S. 194). Nach wie vor kämpft er jedoch gegen seine belastenden Erinnerungen (vgl. S. 199). Außerdem beginnt ihn die Frage, ob er eigentlich Jude oder Muslim ist, zunehmend zu verunsichern (vgl. S. 192): Heißt er nun Geschem Ben Abraham oder Geschem Ibn Ibrahim? Er hadert damit, nun plötzlich **zwei Namen** zu haben (vgl. S. 198).

Auf der Reise nach Jericho begegnen ihm erstmals Ressentiments, die aus religiösen Vorurteilen erwachsen (vgl. S. 192). Damit umzugehen, muss er erst lernen. Dem muslimischen Jungen Mussa, den er in Jericho kennenlernt, fühlt sich Geschem

seltsam vertraut – und seine **Verunsicherung** wird dadurch nicht weniger (vgl. S. 201 f.). Letztlich ist es die väterliche Zuwendung Elijahus, die Geschem die Entscheidung über seine Religionszugehörigkeit – und somit auch über seinen Namen – fällen lässt. Elijahu ist für ihn mittlerweile wie ein Vater, deshalb ist es nur folgerichtig, dass Geschem auch dessen Religion annimmt (vgl. S. 202).

Geschem ist also auf dem Weg zum Erwachsenwerden. Das zeigt sich unter anderem im Gespräch mit Recha, in dem er seinen bisherigen Werdegang klar analysiert und betont, wie wichtig es für einen Menschen ist, zu wissen, wo er hingehört (siehe *Interpretationshilfe*, S. 85, 92 f.). Was es für ihn bedeutet, von Nathan einen Namen bekommen zu haben, formuliert er eindringlich und überzeugend:

> *„Alles ist anders geworden, seit ich einen Namen habe. [...] Nicht nur ich habe mich geändert, die ganze Welt um mich herum ist anders geworden.“* (S. 216)

Zipora und Jakob

In Nathans Haus leben auch die Köchin Zipora und der Diener Jakob. Beide sind Nathan treu ergeben. **Zipora** mag Recha sehr und kümmert sich liebevoll und aufmerksam um sie, mischt ihr beispielsweise häufig ihr Lieblingsgetränk, Milch mit Vanille. Elijahu und Zipora sind einander sehr zugetan.

Jakob ist immer da, wenn er gebraucht wird. Da Nathan keinen überlebenden Sohn mehr hat, ist es Jakob, der für ihn das Kaddisch, das Gebet für sein Seelenheil, spricht.

Al-Hafi

Der kluge, gebildete (vgl. S. 127) und warmherzige **Derwisch** ist ein enger Freund Nathans. Sie spielen häufig zusammen Schach und führen anregende Gespräche. Al-Hafi hat in Nathans Haus Familienanschluss (vgl. S. 88). Im Roman wird jedoch nicht erwähnt, wie sich die beiden kennengelernt haben.

Nach einer glücklichen Kindheit und Jugend, die er zusammen mit seinem Cousin, dem jetzigen Sultan, verbrachte, verließ al-Hafi seine Heimat Mesopotamien, um als Bettelmönch sein Leben Allah zu weihen und umherzureisen (vgl. S. 88 ff.). Sein Wunsch war ein „Leben in Abgeschiedenheit und Bedürfnislosigkeit [...], frei von weltlichem Streben“ (S. 90) – ganz im Gegensatz zu Saladin und seinen Angehörigen. Er bezeichnet sich selbst deshalb als „sanfte[n] Vogel unter Falken“. Sittah charakterisiert ihn wenig positiv als „anspruchslos und ohne jeden Ehrgeiz“ (S. 127). Zurück in Jerusalem geht er dem Sultan zunächst aus dem Weg, erliegt aber schließlich doch seinem Zauber (vgl. S. 93).

Seiner Meinung nach gleicht sein, ja das Leben aller Menschen, einem **Schachspiel:** „[...] die Menschen sind nichts anderes als Figuren, die von einer höheren Macht hin und her geschoben werden.“ (S. 86) Nach al-Hafis Meinung hat der Mensch also nur einen sehr beschränkten Einfluss auf sein Leben und muss sich dem, was das Schicksal für ihn bereithält, fügen.

Al-Hafi stellt – widerwillig – den Kontakt zwischen Nathan und dem Sultan her und ist Zeuge der Begegnung im Rosengarten, als Nathan das Gleichnis von dem Ring erzählt (vgl. S. 154–163). Hier wird deutlich, welch **guter Beobachter** al-Hafi ist, denn er deutet selbst kleinste Regungen der „Kontrahenten“. Er misstraut Saladin, fühlt sich hilflos und macht sich Vorwürfe, Nathan in eine solch gefährliche Lage gebracht zu haben.

Als er ein heimliches Treffen zwischen Melek, dem jüngeren Bruder Saladins, und dem Hauptmann Abu Hassan beobachtet, gerät er in einen inneren Zwiespalt (vgl. S. 94 f.). Er ist unsicher, ob er dem Sultan davon berichten soll – und entscheidet sich nach Abwägung sämtlicher Gründe aus Unsicherheit dagegen (vgl. S. 95). Die falschen Absichten des englischen Königs Malek al-Inkitar durchschaut er sofort (vgl. S. 132).

Nach Nathans Tod steht er Recha in ihrer Trauer bei, indem er ihr einfach schweigend Gesellschaft leistet (vgl. S. 235). Außerdem gibt er das Gleichnis von dem Ring an Recha, den Tempelritter, Daja und Jakob weiter – so ist auch er eine Art Nachlassverwalter Nathans (vgl. S. 237).

Der Tempelritter

Der Tempelritter ist zur Zeit des Geschehens rund 20 Jahre alt. Er kommt aus adligem Hause und ist ein gut aussehender junger Mann – hochgewachsen, brauner Teint, schwarze Locken, seine Nase ist gerade, sein Kinn kräftig, seine Lippen sind voll (vgl. S. 220). Recha glaubte anfangs, er sei ein **Engel**, und auch Daja meinte, etwas Engelhaftes in und an ihm zu sehen.

Kindheit und Jugend – Curd von Stauffen

Unter dem Namen Curd von Stauffen wuchs der Tempelritter auf der Burg Konrads von Stauffen in Schwaben auf. Seit er denken kann, wusste er, dass mit ihm etwas „nicht stimmte" (S. 148), denn er wurde immer schlechter behandelt als die anderen Jungen auf der Burg (vgl. S. 147). Er wurde schneller und härter bestraft und immer wieder fielen die Worte **„Einer wie du** …" (S. 148). Das hieß für ihn, dass er viel besser sein musste als die anderen, „um ein bisschen Anerkennung zu finden" (S. 147). Dabei hatte er nicht nur Ungerechtigkeit und Zurückweisung durch Konrad von Stauffen, sondern auch Spott und Häme der anderen Jungen zu ertragen. Sein Onkel eröffnete ihm schließlich recht abfällig und kaltherzig die wahren Hintergründe seiner Herkunft sowie seinen wahren Namen, der Leu von Filnek lautet (vgl. S. 150 f.). (Allerdings nennt er sich selbst erst so, nachdem ihn Saladin offiziell als Neffe anerkannt hat.) Diese Neuigkeit verunsicherte ihn natürlich, bestätigte aber auch seine Ahnungen. Der gerade ausgerufene Kreuzzug kam ihm deshalb sehr gelegen:

> *Ich wollte mein altes Leben hinter mir lassen, und vor allem meine Familie, in der ich mich immer fremd gefühlt hatte, nicht dazugehörig, und in der ich mich jetzt erst recht fremd fühlte [...].* (S. 151)

Vaterfigur Helmfried

Auf dem Kreuzzug freundete er sich mit dem Tempelritter Helmfried an, der für ihn ein Vorbild und eine Art Vaterersatz wurde: „Helmfried war mein Lehrer und mein Leitstern geworden, ich tat alles, was er mir sagte." (S. 152) Curd trat in den Orden der Templer ein und legte auch die Gelübde der Keuschheit (S. 145, 152, 177), der Armut und des Gehorsams (vgl. S. 83, 177) ab. Bei den **Tempelrittern** erlebte er erstmals echte Zuwendung, Freundschaft und das Gefühl des Angenommenseins.

Dass der Sultan ihn als Einzigen der Tempelritter verschont und unter seinen persönlichen Schutz gestellt hat, erfüllt den Tempelritter zunächst keineswegs mit Dank. Zu groß sind seine Trauer und Verzweiflung (vgl. S. 73) über den Tod Helmfrieds, aber auch das **Gefühl der Schande**, „nicht mit [seinen] Brüdern zusammen in den Tod gegangen zu sein" (S. 77). Außerdem ist er nach wie vor von der moralischen Richtigkeit des Kreuzzuges gegen den „heidnischen Sultan" (S. 78) überzeugt. So kommt es, dass er das sogenannte Heilige Land als „ein Land der Barbarei und des Todes" (S. 67) empfindet.

Seine Welt ist auf den Kopf gestellt

Rechas Rettung empfindet er nicht als Heldentat, sondern als Selbstverständlichkeit, die eher dem Zufall und seiner Pflicht als Tempelritter geschuldet ist (vgl. S. 77) – er war einfach zur rechten Zeit am rechten Ort. Darüber hinaus war er in dieser Situation bereit, sein Leben „aufs Spiel zu setzen" (S. 77), denn es bedeutete ihm im Grunde nichts mehr. Schließlich war es ihm „vom Sultan geschenkt worden, dem Mörder [seiner] Brüder" (S. 77).

Seine Welt ist auf den Kopf gestellt, er ist sich selbst fremd und seine Seele schmerzt. Er ist nicht mehr Curd von Stauffen, der eigentlich auf dem Kreuzzug Heldentaten vollbringen wollte – aber bei Leu von Filnek ist er auch noch nicht angekommen (vgl. S. 76). Hilfe erhofft er sich von der christlichen Autorität, dem Patriarchen. Doch dessen unerhörtes Ansinnen, die Aufforderung zu Spionage (vgl. S. 82 ff.) und Mord (vgl. S. 85), verstößt gegen alle seine Grundsätze:

> *Wie konnte dieser Mann, der vorgab, ein Mann Gottes zu sein, so etwas von mir verlangen? […] Saladin hatte mir das Leben geschenkt, wie dürfte ich es wagen, mich jetzt gegen ihn zu stellen? Wie konnte ich Gnade mit Hinterlist vergelten?* (S. 82)

Trotz seiner offensichtlichen Abneigung gegen die „Heiden" und ihren Sultan funktioniert sein Gewissen und er durchschaut die Machtbesessenheit und Skrupellosigkeit des Patriarchen.

Der Tempelritter mit den zwei Namen steckt also in einer tiefen **inneren Krise** – seine **Selbstfindung** hat begonnen. Doch als er zum ersten Mal auf Nathan trifft, reagiert er wieder reflexartig: „Fass mich nicht an, Jude" (S. 102), schleudert er Nathan entgegen, stößt ihn weg und beleidigt ihn. Daja weist den Tempelritter zurecht (vgl. S. 104), aber das ist nicht das, was Nathan möchte. Er möchte ihn vielmehr mit Vernunft überzeugen – und der Tempelritter lässt sich darauf ein. Auch wenn er in dieser Situation beschämt ist, denn „Röte stieg in sein Gesicht" (S. 105), fühlt er sich nicht gedemütigt oder beleidigt, denn ihm wird mit Respekt und Achtung begegnet. Bei ihrem gemeinsamen Abendmahl werden die beiden – trotz unterschiedlicher Religionen – zu Freunden, weil sie die gleiche **Vision von einer besseren Welt** teilen (vgl. S. 107).

Foto aus der „Nathan der Weise"-Inszenierung, Berliner Ensemble 2002.

Die innere Krise des Tempelritters ist aber noch nicht vorbei, denn er muss sich eingestehen, dass er Recha liebt – bisher nicht gekannte Gefühle und Gedanken verwirren ihn (vgl. S. 144 ff.). Er stellt sein Keuschheitsgelübde infrage und denkt sogar ans Heiraten, was ihm aber mit einer Jüdin unmöglich scheint (vgl. S. 145). In seiner inneren Unsicherheit überlegt er, was Helmfried ihm geraten hätte (vgl. S. 152). Helmfrieds Stimme ist für ihn die Stimme seiner alten Welt – der Welt der Tempelritter, des Kreuzzugs, des Curds von Stauffen. Als ihm Daja eröffnet, dass Recha möglicherweise Christin ist, es also doch eine Chance gäbe, sie zu heiraten, vergrößert sich sein **Gefühlschaos** noch mehr:

> *Meine Gedanken schlugen Haken wie ein Hase auf der Flucht vor dem Jäger, und wie ein Hase, gejagt und gehetzt, fühlte ich mich auch [...].* (S. 176)

Ihm wird bewusst, dass er viel zu jung war und überhaupt nicht ermessen konnte, was es bedeutet, ein Keuschheitsgelübde abzulegen (vgl. S. 177). Und wieder kommt es zu einem inneren Zwiegespräch mit Helmfried, der ihn von seinem Gelübde lossprechen soll (vgl. S. 177). Wie so oft, wenn er nachdenkt, ist er in Bewegung, er irrt umher in den Straßen und Gassen Jerusalems.

In seiner Not beschließt der Tempelritter, erneut den Patriarchen um Rat zu bitten – und bereut es: Dessen Hasstirade gegen die Juden macht ihm klar, in welche Gefahr er Nathan und Recha gebracht hat. Daraufhin flieht er aus der Stadt und findet sich ausgerechnet auf dem Acker Hakeldamach wieder, den angeblich Judas Ischariot nach seinem Verrat an Jesus erhalten hatte. Erneut führt er ein gedankliches Zwiegespräch mit Helmfried, der ihn zur Gleichgültigkeit gegenüber Nathan überreden möchte. Aber er – Leu von Filnek – emanzipiert sich und bringt ihn endlich zum Verstummen: „Sei still, Helmfried, sagte ich. Das geht dich nichts mehr an, du bist tot." (S. 190) Er fasst den Entschluss, bei Sultan Saladin vorstellig zu werden und ihn um Hilfe zu bitten.

Leu von Filnek

Und er bleibt bei Saladin, der in ihm tatsächlich den Sohn seines verschollenen Bruders Assad zu erkennen glaubt. Schon die Namensgleichheit ist auffällig: Der arabische Name **Assad** bedeutet Löwe – so wie **Leu** die (altertümliche und poetische) deutsche Entsprechung ist. Nicht nur äußerlich scheint sich Leu von den Tempelrittern abgewandt zu haben, indem er das Gewand ablegt und stattdessen edle Kleidung trägt (vgl. S. 220). Nach Nathans Tod verdächtigt er die Christen des Mordes. Er spricht von **Rache** (vgl. S. 236), was Recha natürlich nicht akzeptieren kann. Sein schlechtes Gewissen veranlasst ihn dazu, Recha von seinem Besuch beim Patriarchen zu berichten (S. 244 f.). Hier wird deutlich: Leu von Filnek hat seine innere Unsicherheit trotz seiner veränderten Situation nicht verloren. Er spürt, dass Recha sich von ihm entfernt, und versucht, dies aufzuhalten, indem er ihr von sich erzählt und auf ihre Gemeinsamkeiten hinweist. Aber er muss einsehen, dass es keine gibt (vgl. S. 245 f.). Und dann formuliert Recha den Schlüsselsatz: „Du bist vor einem Oheim geflohen, um einen anderen zu finden [...]." (S. 246) Seine Antwort darauf zeigt nicht nur Unsicherheit, sondern auch die Angst, wieder nicht um seiner selbst willen geliebt zu werden: „Aber der andere hat mich nur behalten, weil er musste, und dieser hier will mich, weil er in mir seinen toten Bruder sieht." (S. 246) Diese **Erkenntnis** trifft ihn hart und er ist sichtlich bedrückt.

Sultan Saladin und seine Schwester Sittah

Saladin und Sittah zählen zum erweiterten Netzwerk Nathans. Seit Saladin das Kreuzfahrerheer geschlagen hat, ist er u. a. Herrscher über Jerusalem. Sein Aussehen scheint auf den ersten Blick wenig beeindruckend, der Tempelritter beschreibt ihn als klein und schmächtig. Dem Tempelritter gelingt es nicht, den Sultan „mit dem Bild des blutrünstigen Feindes in Einklang zu bringen" (S. 71). Saladin hat eine **widersprüchliche Persönlichkeit**, denn al-Hafi beschreibt ihn folgendermaßen:

> *[...] ich kannte seinen Ruf, der sich in der ganzen Welt verbreitet hatte, der Ruf eines großzügigen und unberechenbaren Despoten. Er sei grausam und mildtätig, edel und gemein, aufrichtig und hinterhältig, geachtet von seinem Volk und gefürchtet von seinen Feinden, aber immer der Mittelpunkt der Welt [...].* (S. 87)

Dieses Bild wird durch sein grausames Vorgehen gegen die gefangenen Tempelritter, aber auch durch die Begnadigung Curds von Stauffen bestätigt. Von der Verschwörung gegen ihn scheint er nichts zu wissen. Die gescheiterte Verhandlung mit dem Gesandten des englischen Königs kann Saladin nicht verunsichern und er zeigt sich weiterhin **souverän**, **besonnen** und überlegen – vor allem auch seinem jüngeren machthungrigen Bruder Melek gegenüber (vgl. S. 131 ff.). Er ist klug und Sittah bewundert ihn „für seine Selbstbeherrschung, die es ihm ermöglichen würde, in aller Ruhe [...] nachzudenken" (S. 132).

Bei ihrem Treffen im Rosengarten ist Saladin sichtlich **neugierig** auf Nathan. Mit seiner Frage nach dem richtigen Glauben versucht er, ihm eine Falle zu stellen und ihn zu verunsichern. Er glaubt sich sicher, sein „spitzbübisches, hinterhältiges Lächeln" (S. 158) verrät ihn. Dass Nathan seine Frage so bravourös beantwortet, verblüfft ihn. Aber er kann Nathans „Sieg", der auf Klugheit beruht, anerkennen und bietet ihm die Freundschaft an. Als er von Nathans Tod erfährt, weint er, da er ihn „sehr geschätzt" hat, und verspricht Recha Unterstützung und Schutz (vgl. S. 242).

Saladin-Denkmal in Damaskus (Syrien)

Sittah ist die Ratgeberin ihres Bruders. Sie liebt Saladin sehr, ist aber geschickt genug, auch Geheimnisse zu haben (vgl. S. 135). Al-Hafi bezeichnet sie als „klug“, er weiß aber auch „um ihre ausgeklügelten Berechnungen“ (S. 156). Sie ist dafür verantwortlich, dass Nathan um Geld angegangen werden soll. Und offenbar war es ursprünglich auch ihre Idee, Nathan mit der Frage nach der richtigen Religion aus der Reserve zu locken, denn al-Hafi stellt danach fest: „Ihr Plan war nicht aufgegangen [...].“ (S. 164)

Die Gegenspieler Nathans

Der Patriarch

Der Patriarch ist der Bischof von Jerusalem und Oberhaupt aller Christen, die sich in Jerusalem aufhalten. Er residiert in einem prunkvollen Palast, pflegt einen luxuriösen Lebensstil und ist kulinarischen Genüssen gegenüber nicht abgeneigt, wovon auch seine enorme Leibesfülle zeugt.

Sein ehrgeiziges Ziel ist es, **Jerusalem in christliche Hand** zu bekommen. Dabei soll ihm der Tempelritter helfen, indem er den Sultan ausspionieren oder, noch besser, umbringen soll (vgl. S. 85). Ein besonderer Charakterzug an ihm ist, dass er sich innerhalb weniger Sekunden von einem (vordergründig) freundlichen zu einem harten und unnachgiebigen Menschen „verwandeln“ kann (vgl. S. 81, 185). Auch den Tempelritter versucht er zunächst mit Freundlichkeit zu **manipulieren**. Als er damit nichts erreicht, droht er ihm und fordert Gehorsam der Kirche gegenüber (vgl. S. 82 ff., 184 ff.).

Der Patriarch setzt den Tempelritter unter Druck. Foto aus einer Inszenierung von „Nathan der Weise“ am Berliner Ensemble 2002

Fanatisch vertritt der Patriarch die Meinung, das Christentum sei die einzig wahre Religion. Dem Judentum und dem Islam, vor allem Sultan Saladin, steht er absolut feindlich gegenüber (vgl. S. 82, 186). Als ihm der Tempelritter vom Fall eines christlichen Mädchens, das von einem Juden erzogen wird, berichtet, tritt sein unbändiger **Judenhass** deutlich zutage – von der abwertenden Haltung Frauen gegenüber gar nicht zu reden:

> *„Nichts, aber auch gar nichts rechtfertigt das Verbrechen, ein Christenkind als Juden aufzuziehen, selbst wenn es sich nur um ein Mädchen handelt“, sagte er mit der Strenge und der Autorität eines Richters, aber auch mit dem Hass eines Selbstgerechten.* (S. 186)

Ob der Patriarch den Mord an Nathan in Auftrag gegeben hat, wie der Tempelritter vermutet, ist unklar.

Abu Hassan

Abu Hassan und seine Brüder wurden von ihrem Vater, einem Hauptmann, zu tapferen Soldaten erzogen, „zu Kämpfern für Allah, für unseren heiligen Glauben“ (S. 136). Abu Hassan selbst steht im Dienste Saladins und hat sich unter anderem im Kampf gegen die Tempelritter hervorgetan (vgl. S. 136).

Da er sowohl Saladins Toleranz gegenüber Andersgläubigen als auch seine großzügige Siedlungspolitik ablehnt und in ihm einen Verräter des Korans sieht, hat er sich einer Gruppe von Verschwörern angeschlossen (vgl. S. 136–143). Abu Hassan sagt ganz klar, dass er die Juden hasst (vgl. S. 137). Ob er am Mord an Nathan beteiligt ist, ist nicht eindeutig.

Denkanstoß

Nun gibt es in diesem Roman also drei Waisenkinder – Recha, Leu von Filnek und Geschem. **Recha** wusste bis zu ihrem 18. Lebensjahr überhaupt nichts davon. Dajas Enthüllung war ein Schock für sie, aber letztlich überwiegt in ihr das Gefühl, von ihrem (Adoptiv-)Vater über alles geliebt worden zu sein. Das ist es auch, was sie zu einer starken Persönlichkeit hat werden lassen.

Leu von Filnek wurde jahrelang im Glauben gelassen, er sei Curd von Stauffen. Hinzu kommt, dass er sich fremd und ungeliebt fühlte. Liebe und Zuwendung von Eltern spürte er nie. Als er erfährt, wer er wirklich ist, ist er zunächst verwirrt, denn plötzlich hat er zwei Namen, aber wer er tatsächlich ist, weiß er nicht. Vielmehr fühlt er sich „wie ein Blatt im Wind“.

Das verbindet ihn auf gewisse Weise mit **Geschem**, der zuerst gar keinen Namen hat und dann auf einmal sogar zwei, weil er nicht weiß, welcher Religion er angehört. Auch er fühlte sich „wie ein Blatt im Wind“. Im Gegensatz zu Leu von Filnek entscheidet er sich aber ganz bewusst für seinen Namen. Elijahu ist ihm väterlich zugetan und da dieser Jude ist, wählt Geschem auch für sich den jüdischen Namen.

So bekommen also Menschen ihren Namen von denjenigen, die sie lieben. Oder sie wählen ihren Namen nach den Menschen, die sie lieben. Und was ist nun mit Leu von Filnek?

2 Aufbau und Struktur

Mirjam Pressler schreibt in ihren Nachbemerkungen, ihr Buch sei eine „Variation" (S. 251) zu *Nathan der Weise*, dem dramatischen Gedicht in fünf Aufzügen, das Gotthold Ephraim Lessing 1779 veröffentlichte.

Nathan der Weise entspricht im Aufbau einem klassischen Drama: Der erste Aufzug, die **Exposition**, führt in Handlung, Ort und Zeit ein. Im zweiten Aufzug, der **steigenden Handlung**, kommt Neues hinzu, das Geschehen steigert sich und es entstehen Verwicklungen. Der überraschende **Höhe- und Wendepunkt** vollzieht sich im dritten Aufzug, der sogenannten Peripetie. Im vierten Aufzug wird die Handlung verzögert und die Spannung beginnt langsam zu fallen. Der fünfte Akt, die **Katastrophe**, bringt die Lösung der Handlung.

Nun wählte Mirjam Pressler für ihre Version der Geschichte nicht die Gattung der Dramatik, sondern die der Epik und verfasste einen Roman. Dafür verwendete sie eine besondere Technik, nämlich verschiedene **Erzählstränge** (siehe *Interpretationshilfe*, S. 65 ff.), in denen sie jeweils eine der Figuren in der **Ich-Perspektive** zu Wort kommen lässt. Einzelne Erzählstränge lassen sich bündeln und zu größeren Teilen zusammenfassen, woraus ersichtlich wird, dass die Romanhandlung ebenso wie das Drama einer inneren Logik, einem gewissen inneren Aufbau folgt.

Die **ersten drei Kapitel** (also die ersten drei Erzählungen aus Sicht der Figuren) führen in die Romanhandlung ein und können als **Teil 1** des Romans gesehen werden. Hier wird über den Brand und die Rettung Rechas durch den Tempelritter berichtet. Nathan, Recha, Daja, Geschem und Elijahu sowie wichtige Abschnitte ihrer Lebensgeschichten werden vorgestellt. Der Schwerpunkt liegt hier bereits auf Nathans Biografie, die Elijahu rückblickend erzählt. Auch Daja lässt ihr bisheriges Leben Revue passieren. Über Rechas Rettung spricht Geschem.

Der **zweite Teil** umfasst die Kapitel **vier bis neun**, in denen die Romanhandlung ausgebreitet wird. Die Leserinnen und Leser erfahren mehr über die Lebenssituation sowie die inneren und äußeren Konflikte der Figuren: Recha sieht ein, dass sie nicht von einem Engel gerettet wurde, sie verliebt sich in den Tempelritter und muss sich plötzlich mit ihren eigenen inneren Veränderungen auseinandersetzen. Der Tempelritter erinnert sich an seine Erlebnisse während des Kreuzzugs und an die Verurteilung bzw. Begnadigung durch Saladin und bekommt einen verstörenden Auftrag vom Patriarchen. Auch al-Hafi lässt in diesem Teil sein bisheriges Leben Revue passieren und vergleicht es mit einem Schachspiel. Es kommt zu einer entscheidenden Begegnung zwischen Nathan und dem Tempelritter, die sie schließlich zu Freunden werden lässt. Außerdem scheitert eine mit Kalkül eingefädelte politische Annäherung zwischen Saladin und Malek al-Inkitar, Richard Löwenherz. Die Spannung steigt zunehmend.

Im **dritten Teil** – das sind die **Kapitel zehn bis 13** – scheint die Romanhandlung tatsächlich ihren Höhepunkt, aber auch einen Wendepunkt erreicht zu haben. Es wird klar, dass eine Verschwörung gegen den Sultan im Gange ist, in die sein Bruder Melek und der Hauptmann Abu Hassan verwickelt sind. Der Tempelritter gesteht sich seine Liebe zu Recha ein und kämpft gegen sein Gefühlschaos an. Im Rosengarten des Palastes erzählt Nathan Saladin das Gleichnis von dem Ring und gewinnt damit dessen Freundschaft. Wie in Lessings Drama scheint auch im Roman das Gleichnis das Kernstück zu sein. Aber damit nicht genug: Daja begeht hier auch ihren Verrat an Nathan.

So bietet der dritte Teil mit der Begegnung von Saladin und Nathan einen **Höhe- und Wendepunkt**, der einerseits auf einen guten Ausgang des Romans hoffen lässt. Andererseits jedoch bilden die Verschwörung der Gegner Saladins und Dajas Verrat bedrohliche **Kontrapunkte**, die den Fortgang der Romanhandlung von nun an beeinflussen.

Die **Kapitel 14 bis 16** können als **vierter Teil** des Romans betrachtet werden. Ohne es zu wollen, gefährdet der Tempelritter das Leben Nathans und im Grunde auch das Rechas durch seine Frage an den Patriarchen. Geschem findet seinen Weg und stützt, ohne dies allerdings zu wissen, Recha in ihrer schweren Lebenskrise. Im vierten Teil des Romans ist also für keine der hier erzählenden Figuren das Leben mehr so, wie es einmal war.

Im Gegensatz zum vierten Aufzug des dramatischen Vorbildes ist die Spannung im entsprechenden Teil des Romans sicherlich nicht abfallend. Eher das Gegenteil ist der Fall: Die Spannung steigt weiter – wenn auch mit der Selbstfindung Geschems ein gewisser Ruhepunkt gesetzt ist.

Zur tatsächlich sprichwörtlichen und nicht nur literarisch-dramatischen Katastrophe kommt es in den **letzten beiden Kapiteln**, dem **fünften Teil** des Romans: Nathan wird ermordet. Wer seine Mörder sind, bleibt offen. Ein dramaturgisch geschickter Kniff, denn den Leserinnen und Lesern bleibt somit Raum zum Nachdenken und Spekulieren: Waren es tatsächlich „nur" Räuber? Oder vom Patriarchen beauftragte Mörder? Steckten Abu Hassan und seine Leute dahinter? Alle drei Möglichkeiten wären logisch und von der Romanhandlung her folgerichtig. Aber die Autorin löst das Rätsel nicht. Und ob der Tempelritter, der nun als Neffe des Sultans anerkannt ist und Leu von Filnek heißt, und Recha jemals zueinanderfinden, bleibt ebenfalls mehr als fraglich. Dennoch gibt das Ende des Romans einen tröstlichen Ausblick: Recha wird ganz im Sinne Nathans sein Haus sowie sein materielles und geistiges Erbe verwalten.

Interessant ist die Aufteilung des Romans in 18 Kapitel. Zieht man die Gematrie[8] hinzu, wie sie in mystischen Kreisen des Judentums bekannt ist, dann erfährt man, dass 18 der Zahlenwert für das Wort „**Leben**" ist.

3 Erzähltechnik

Erzählverhalten und Zeitebenen

Wie bereits im vorigen Kapitel erwähnt, lässt Mirjam Pressler die Romanfiguren in eigenen **Erzählsträngen** in der **Ich-Perspektive** selbst zu Wort kommen. Einen einzigen (auktorialen, personalen oder neutralen) Erzähler gibt es also nicht, stattdessen viele Ich-Erzähler, die in ihrem Erzählstil jedoch kaum individuelle Unterschiede erkennen lassen. Nathan selbst hat keinen Erzählstrang – über ihn wird aus der Sicht der anderen Figuren erzählt, die auch seine Aussagen wörtlich wiedergeben. Gleiches gilt für Sultan Saladin. Häufig verweisen die Figuren in ihren Erzählungen auf vergangenes Geschehen, indem sie in **Rückblicken** erzählen (in den Kapiteln eins bis sechs, acht bis elf und in Kapitel 13). Dies ermöglicht es den Leserinnen und Lesern, wichtige Details aus der Vergangenheit der Figuren zu erfahren, die für deren Verhalten und Handeln in der Gegenwart der Romanhandlung von Bedeutung sind.

Übersicht Zeitebenen und Aufbau

	Kapitel	Gegenwart 1191/1192	Rückblick
Teil 1	**1 Geschem**	• Brand und Rechas Rettung • Geschem bekommt seinen Namen	• wie Geschem zwei Jahre zuvor in Nathans Haus kam
	2 Daja	• Abend nach dem Brand • Dajas gesellschaftliche Stellung	• Kindheit bei der Großmutter, Kreuzzug • wie Daja in Nathans Haus kam
	3 Elijahu	• Abend nach dem Brand • Nathan vertraut ihm Geschem an	• Brand in Gath und Nathans Schicksal • wie Recha vor 18 Jahren zu Nathan kam

Teil 2	**4 Recha**	• Morgen nach dem Brand, Traum vom Engel • sieht den Tempelritter und verliebt sich in ihn	• Besuch bei Lea vor einigen Wochen oder Monaten
	5 Tempelritter	• nach der Rettung Rechas, vor dem Haus des Patriarchen, auf dem Berg Zion • gedankliches Zwiegespräch mit Helmfried • Unsicherheit, hadert mit seinem Schicksal • erster Besuch beim Patriarchen	• Zeit vor dem Angriff durch Saladins Heer wenige Wochen zuvor • Hinrichtung der anderen Tempelritter • Helmfried erklärte ihm die Lage Jerusalems • Kindheit auf der Burg Stauffen • Rettung Rechas
	6 al-Hafi	• Aussprache mit Nathan • beobachtet Melek und Abu Hassan (Verschwörung) • Sultan in Geldnot	• Leben als Derwisch • Ankunft in Jerusalem, Anstellung als Schatzmeister
	7 Daja	• Zusammentreffen Nathan – Tempelritter • gemeinsames Essen am Abend: Freundschaft	
	8 Recha	• Traum, Blick in den Spiegel • Besuch bei Lea	• glückliche Kindheit mit ihren Freundinnen
	9 Sittah	• politische Verhandlungen scheitern (keine Heirat) • Saladins Entscheidung gegen einen Angriff • Sittahs Geheimnis	• Kindheit im Palast, Rivalität der Brüder • Geschichte des Helden Issa
Teil 3	**10 Abu Hassan**	• Sieger von Bint Jbeil, steht hoch in Saladins Gunst • Verschwörung: Melek soll Sultan werden	• entstammt Familie von Kämpfern • Heiliger Krieg: Erbeutung des Kreuzes; Saladin schützt seine Feinde
	11 Tempelritter	• verliebt in Recha, Gefühlschaos • Dajas Einladung	• Kindheit und Jugend, Leu von Filnek • Kreuzzug, Helmfried, Templerorden

	12 al-Hafi	• Nathan bei Sultan Saladin: Gleichnis von dem Ring • nur ein Traum	
	13 Daja	• auf dem Markt, Überfluss • plötzliches Heimweh: Verrat	• Not und Mangel bei der Großmutter
Teil 4	**14 Tempelritter**	• nach Dajas Eröffnung: „Stürme im Innern“ • gedankliches Zwiegespräch mit Helmfried • zweiter Besuch beim Patriarchen: Nathan in Gefahr • Entschluss, Saladin um Hilfe zu bitten	
	15 Geschem	• Reise nach Jericho • Entscheidung für den Namen	
	16 Recha	• Schock nach Dajas Eröffnung, Nachdenken im Kidrontal • Gespräch mit Geschem • Entscheidung für klärendes Gespräch mit Nathan	
Teil 5	**17 Elijahu**	• Besuch bei Saladin und Sittah • Ermordung Nathans	
	18 Recha	• Trauer • Nathans Erbe • Abschied von Leu von Filnek • Freude auf die kommenden Feiertage, Zuversicht	• Gespräch mit Nathan über Rechas Herkunft • Freundschaft zwischen Nathan und dem Tempelritter

Interessant ist, dass die letzten beiden Teile des Romans – die Kapitel 14 bis 18 – fast ausschließlich in der Jetztzeit angesiedelt sind bzw. nur noch kurze „Ausflüge“ in die noch nicht lange zurückliegende Vergangenheit unternehmen. Alle wesentlichen Hintergrundinformationen sind gegeben und die Romanhandlung spitzt sich auf die Entwicklung der Geschehnisse in der Gegenwart zu: Dajas Verrat und die daraus folgenden Konsequenzen für Recha und den Tempelritter, der Mord an Nathan sowie die weitere Entwicklung Rechas und Leu von Filneks.

Auch wenn die Figuren aus der **Ich-Perspektive** erzählen, so gibt es doch in fast jedem Kapitel **Dialoge**, die entsprechend der Erzähltechnik aus der Wahrnehmung der jeweils erzählenden Figur wiedergegeben werden. Der Tempelritter schildert beispielsweise seinen ersten Besuch beim Patriarchen folgendermaßen:

> *Der Patriarch betrachtete mich lange, und sein Blick war so durchdringend, dass ich mich fühlte wie ein kleiner, dummer Knabe. [...] „Warum?", fragte er mit schneidender Stimme, um dann etwas sanfter hinzuzufügen: [...].* (S. 80)

Die Ich-Perspektive des Tempelritters gibt hier Einblick in dessen Gefühls- und Gedankenwelt. Der Dialog wird aus der Sicht des Tempelritters dargestellt, der natürlich nur das erzählen kann, was er von außen am Patriarchen wahrnimmt – so erhalten die Leser eine **subjektive Sicht** auf den Patriarchen. Diese Art der Wiedergabe von Dialogen aus der Ich-Perspektive ist durchgängig in fast allen Erzählsträngen anzutreffen, eine Ausnahme bildet lediglich das Kapitel Abu Hassans, in dem es keinen Dialog gibt. In der Zusammenschau gewinnen die Leserinnen und Leser aus den einzelnen Ansichten einen **auktorialen Blick** in und auf die Figuren und die Romanhandlung.

Spannend ist, dass sich sowohl bei Daja als auch beim Tempelritter die Ich-Perspektive an einzelnen Stellen gleichsam aufspaltet. Diese **Aufspaltung** innerhalb der Ich-Perspektive zeigt sich beim Tempelritter in einer Art **innerem Zwiegespräch** – ja fast innerem Zweikampf – mit der Stimme seines toten Freundes Helmfried, die er zu hören glaubt (vgl. S. 145, 152, 177, 189, 190). Wie bereits in der Charakterisierung des Tempelritters angedeutet, wird hier der persönliche Gewissenskonflikt des jungen Mannes erkennbar: Helmfrieds Stimme steht für das alte Leben des Tempelritters Curd von Stauffen in Keuschheit, Armut und totalem Gehorsam der Kirche gegenüber. Der andere Teil seines Gewissens ist die Stimme Leu von Filneks, die für das Neue und Ungewisse steht und die schließlich die Stimme des alten Lehrmeisters zum Verstummen bringt (vgl. S. 190). Auch bei Daja wird die Ich-Perspektive in zwei Stimmen aufgespalten:

> *Ich will zurück in die Heimat, sagte die Hartherzige, aber nicht als arme Frau. [...] Du weißt, dass das unmöglich ist, wandte die Sanftmütige ein. Doch, rief die Hartherzige triumphierend. [...] Das darfst du Nathan nicht antun.* (S. 172)

Erzählte Zeit

In Anlehnung an das Original siedelt Mirjam Pressler auch ihren Roman zur Zeit des dritten Kreuzzugs in den Jahren **1191/1192** an – die Gegenwart des Romans. Die erzählte Zeit konzentriert sich anfangs auf zwei Tage, auf den Tag des Brandes und den nächsten Tag, dann folgt eine längere nicht konkret eingrenzbare Zeitspanne. Schließlich werden der Tag des Mordes, die sieben Trauertage und noch einige Tage nach Beendigung des Schiwa-Sitzens fokussiert. Die Rückblenden werfen Schlaglichter auf die Vergangenheit einzelner Figuren und nehmen unterschiedlich lange Zeitspannen ein (siehe *Interpretationshilfe*, S. 65 ff.).

Kreuzfahrer vor Jerusalem (Erster Kreuzzug, 1099). Lithografie, um 1900

4 Sprache

Durch zahlreiche sprachliche Bilder – hauptsächlich **Vergleiche**, **Metaphern** und **Personifikationen** – lässt Mirjam Pressler Figuren und Handlung vor dem geistigen Auge der Leser im wahrsten Sinne des Wortes lebendig werden. Vor allem der wiederholte Vergleich Geschems (vgl. S. 215) und des Tempelritters (vgl. S. 68) mit einem **Blatt im Wind** ist von Bedeutung. Auch der Vergleich, den al-Hafi zwischen dem Leben und einem **Schachspiel** anstellt (vgl. S. 86), ist bemerkenswert.

Viele **Vergleiche** verdeutlichen und verbildlichen Sachverhalte, Stimmungen und Gefühle durch alle Erzählstränge hindurch:

Wie Brüder (S. 25); *wie in meiner Kindheit* (S. 25); *wie eine Salzsäule* (S. 45); *wie eine große, rosafarbene Blüte [...], wie eine kostbare, in den Schmutz gefallene Perle* (S. 60); *als röche ich alles zum ersten Mal* (S. 62); *Sein Anblick traf mich wie ein Blitz* (S. 66); *Ich war wie vor den Kopf geschlagen* (S. 151); *Ich stürzte mich auf den Tempelritter wie eine Raubkatze auf ihre Beute* (S. 171); *meine Hände, die in seinen anfingen zu zittern wie zwei kleine Vögel* (S. 235)

Die Reihe ließe sich noch beliebig fortsetzen. **Metaphern** wie:

dass es mir das Herz zerriss (S. 47); *seine Worte hatten mich ins Herz getroffen* (S. 58); *machte mein Herz einen Sprung* (S. 65); *Meine Welt war auf den Kopf gestellt* (S. 76); *Das Leben spielt Schach mit mir* (S. 90); *die bösen Gedanken schnürten mir die Kehle zu* (S. 172)

zeigen bildhaft die starken Gefühle, die die betreffenden Figuren in diesem Augenblick umtreiben und bewegen, ja häufig eine innere Entwicklung andeuten.

Besonders eindrücklich transportieren unter anderem **Personifikationen** in Kombination mit **Vergleichen** Zerrissenheit und Schmerz des Tempelritters, z. B. „fiel die Verzweiflung über mich her wie ein reißender Wolf und wollte mich hinunterstoßen" (S. 73), „Meine Gedanken schlugen Haken wie ein Hase auf der Flucht" (S. 176).

In Zusammenhang mit Unsicherheit, Bedrohung und Angst – vor allem in der Nacht – lässt Mirjam Pressler immer wieder **Tiere** erscheinen, die entweder nachtaktiv sind oder, im Zusammenhang mit der Ermordung Nathans, mit dem nahenden Tod in Verbindung gebracht werden können:

Von draußen drangen manchmal die Schreie von Nachtvögeln herein, in der Ferne war das Heulen von Schakalen zu hören [...]. (S. 24)

[...] wenn ich zitternd auf meinem Strohsack lag und dem Geheul der Wölfe lauschte. (S. 24)

Nur die Schakale waren zu hören und der Ruf eines Nachtvogels. (S. 226)

Zitate aus TaNaKh[9] (sprich: Tanach), Neuem Testament und Koran

Die Zitate aus den Grundlagenwerken der drei Weltreligionen Judentum, Christentum und Islam erfüllen im Roman unterschiedliche Funktionen. Es gibt Zitate an Stellen, die das gerade Gesagte in die Reihe einer langen **religiösen Tradition** stellen, z. B. der Vergleich des Schicksals des biblischen Hiob mit dem Nathans (vgl. S. 47), die Aussage über die Bedeutung des Namens für die Menschen und für ihre Beziehung zu Gott (vgl. S. 49) sowie über das Vertrauen darauf, dass Gott bzw. Allah für die Menschen sorgt (vgl. S. 91).

Einige Zitate werden von den entsprechenden Figuren aus dem Zusammenhang gerissen und zur **Legitimation ihres Radikalismus** und Fundamentalismus missbraucht: So zitiert Abu Hassan eine Stelle aus dem Koran, um seine Abneigung gegenüber Juden und Christen zu rechtfertigen (vgl. S. 138). Der Patriarch bemüht eine Stelle aus dem Judasbrief, um die blutigen Kämpfe der Kreuzritter gegen Juden und Muslime zu legitimieren (vgl. S. 184).

Zitate aus dem Hohelied verweisen auf das **Verliebtsein** Rechas (vgl. S. 113). Besonders eindrücklich und ganz im Sinne von Nathans Botschaft der Toleranz und Mitmenschlichkeit sind Zitate, die eindeutig eine **religionsübergreifende Bedeutung** haben: Dazu gehört die Einsicht, dass ausschließlich das gute Herz eines Menschen wesentlich ist (vgl. S. 89), aber auch die Utopie eines friedlichen Zusammenlebens aller Lebewesen (vgl. S. 107).

5 Zentrale Aspekte

Thematische Aspekte

Motivbereiche Feuer und Wasser

Gleich zu Beginn des Romans, im ersten Kapitel, werden zwei wesentliche, gleichzeitig auch ganz und gar gegensätzliche Motivbereiche eingeführt. Mit dem Brand (vgl. S. 9 ff.), der nicht nur Rechas Leben bedroht, sondern auch der Auslöser für sämtliche Entwicklungen und Konflikte ist, erscheint der Motivbereich **Feuer**, zu dem auch das Motiv der **Hitze** gehört. Mit Geschems Namenswahl zeigt sich der zweite, entgegengesetzte Bereich, nämlich der des **Wassers**. Angesichts der körperlichen und seelischen Schmerzen, die ihm Feuer und Hitze angetan haben und durch quälende Erinnerung immer noch antun, ist die Entscheidung des Jungen für seinen Namen logisch: „Wasser, das jedes Feuer löscht." (S. 22) Im Verlauf der Handlung wird deutlich, dass die genannten Motivbereiche die ganze Bandbreite der **menschlichen Empfindungen** veranschaulichen.

Die erste Seite des Romans ist geradezu „eingerahmt" von der Hitze – anfangs von der Hitze der Nachmittagssonne und dann von der des Feuers, die Rechas Leben bedrohen. Anders dagegen ist die zwischenmenschliche **Wärme**, die Geschem während seines Gesprächs mit Nathan empfindet. Ein „warmes Gefühl" (S. 237) steigt auch in Recha auf, als sie nach Nathans Tod al-Hafis Mitgefühl und Unterstützung spürt.

Ganz deutlich und drastisch wird das **Zerstörerische des Feuers** im dritten Kapitel dargestellt, als Elijahu über Nathans Schicksalsschlag spricht. Nathans Schmerz über den Verlust seiner Familie damals war „brennend" (vgl. S. 46) und brachte ihn dazu, den Christen „ewigen, unversöhnlichen Hass und blutige Rache" (S. 46) zu schwören. Auch das Adjektiv „brennend" gehört also in diesen Motivbereich und zeigt, wie dieser Schmerz Nathans Persönlichkeit veränderte und ihn seiner Vernunft und seines klaren Verstandes beraubte.

Ihres Verstandes beraubt glaubte sich auch Daja, als sie Nathan verrät – die Situation geht ebenso mit starker **Hitze** einher. Schon in der Vorausdeutung (vgl. S. 100 ff.) ist von dem heißen Chamsin, einem Wüstenwind, die Rede. Daja leidet darunter:

> *Ich zog mir das Kopftuch weit über die Stirn [...], denn meine Haut ist empfindlich und verbrennt schnell [...], und die Steine waren so heiß, dass ich die Hitze durch die Sohlen meiner Sandalen spürte. Kein noch so geringes Lüftchen brachte Kühlung. Ich konnte ein Stöhnen nicht unterdrücken.* (S. 100)

Elijahu meint dazu: „Der Chamsin verwirrt den Menschen die Sinne und treibt sie zu Handlungen, die sie später bereuen." (S. 101) – eine recht eindeutige Anspielung und Vorausdeutung auf Dajas späteren Verrat. Auch im Anschluss an ihr heftiges Wortgefecht mit dem Tempelritter stellt sie sich die Frage, ob „vielleicht der Chamsin schuld" (S. 104) an ihren harschen Worten gewesen sein könnte. Am Tag des Verrates selbst empfindet sie die Sonne als zu heiß (vgl. S. 170) und sie entwickelt plötzlich große Sehnsucht „nach [dem] kalte[n] Wind und sogar nach [dem] Frost“ (S. 171) ihrer alten Heimat. Recha gegenüber äußert Daja, es sei so gewesen, „als hätte ein Fieber sie gepackt und ihre Vernunft ausgetrocknet“ (S. 205 f.). Die Hitze, das Fieber und die Sonne stehen hier für die Übermacht ihrer **Sehnsucht**, ihrer Gefühle und für das **Versagen der Vernunft**.

Diese Wahrnehmung hängt auch mit der Empfindung zusammen, es sei „der böse Geist, der Teufel“ (S. 170) in sie gefahren. Auch hier findet sich der Bezug auf das Feuer, nämlich auf die Hölle, das **Fegefeuer**. Ein gewichtiger Grund für die Teilnahme am Kreuzzug war für viele Christen die Angst vor dem Fegefeuer bzw. die Hoffnung, davon befreit zu werden (vgl. S. 30). Bemerkenswert ist in diesem Zusammenhang, dass Recha dem „mörderische[n] Feuer“ ihren Retter, den „Engel“, entgegenstellt, der bedeutend „machtvoller als die Flammen“ (S. 56) ist – eine weitere Anspielung auf christliche Vorstellungen.

Nicht nur Angst und Schmerzen können brennen, auch **Eifer** und **religiöser Glaube** können zu einem „glühenden Herzen“ (S. 139) führen, wie dies bei Abu Hassan der Fall ist. Über die Begeisterung der Anhänger Saladins, gegen die Kreuzritter in den Kampf zu ziehen, sagt Abu Hassan: „In allen brannte das heilige Feuer, alle waren bereit, ihr Leben für Allah und den Sieg des rechten Glaubens einzusetzen.“ (S. 139) Auch wenn dieses Feuer angeblich heilig sein soll, ist es letztlich ebenso zerstörerisch, denn es erzeugt **Hass** gegen Andersgläubige – und dies gilt für beide Seiten, für die Muslime wie für die Kreuzritter. Interessant ist hier die Begebenheit, dass die muslimischen Kämpfer am See Genezareth ihren Gegnern den Weg zum Wasser abschnitten, sodass diese „vor Durst halb verrückt“ (S. 140) waren, innerlich also geradezu verbrennen mussten.

Von **religiösem Fanatismus** getrieben wird auch der Patriarch. So fordert er, der „Jude“ müsse auf dem „Scheiterhaufen verbrannt werden“ (S. 186). Sein Fanatismus macht ihm aber kein glühendes Herz, wie das bei Abu Hassan der Fall ist, sondern lässt ihn **gefühlskalt** werden, was der Tempelritter in dieser Situation fast körperlich spürt:

> *Ich meinte die Kälte, die er plötzlich ausstrahlte, auf meiner Haut zu spüren [...]. Meine Wangen fingen an zu brennen, als habe er mir ins Gesicht geschlagen, zugleich überlief mich ein Frösteln.* (S. 186)

Die Angst, die der Hass des Patriarchen erzeugt, zeigt sich also in Hitze und Kälte gleichermaßen. Kälte spürt auch Recha. Bei ihr ist es nicht die Kälte des Hasses, sondern die der inneren **Distanzierung**, als ihr Leu von Filnek von seinem „(Fast-)Verrat" während seines Besuchs beim Patriarchen berichtet (vgl. S. 244).

Mit dem Motiv des Feuers gehen jedoch nicht nur negative Deutungen einher. So empfindet Recha, als sie am Morgen nach dem Brand aus dem Haus geht und durch die Straßen der Stadt flaniert, zwar das Brennen der Sonne, nimmt dies aber nun ganz anders wahr als sonst:

> *[...] ich hob das Gesicht, und die Strahlen auf meiner Haut, vor denen ich mich sonst schützte, so gut es ging, fühlten sich auf einmal angenehm und lebensspendend an.* (S. 62)

Diese Wahrnehmung steht in unmittelbarem Zusammenhang mit dem tiefen Gefühl der Dankbarkeit, überhaupt noch am Leben zu sein. Kurz darauf trifft sie der Anblick des Tempelritters „wie ein Blitz" (S. 66), der ebenfalls ein Feuer entfacht, das der Liebe.

Mit einer Einschränkung – einem Zitat aus den Psalmen des Alten Testaments (S. 56) – lassen sich alle Begriffe und Formulierungen aus dem Motivbereich **Wasser**, der übrigens häufig mit dem Motiv des Tales in Zusammenhang gebracht wird, positiv deuten. Recha erinnert sich beispielsweise an ihre Kindheit, in der sie sich häufig mit ihren Freundinnen im **Kidrontal** aufhielt. Besonders genoss sie dies im Winter, wenn der Kidron

Wasser führte und alles „fast über Nacht“ (S. 118) fruchtbar machte. Der Bach steht hier bildlich für die glückliche Kindheit, die noch alles möglich erscheinen und Raum für Entwicklung, Wachsen und Reife ließ. In das Kidrontal flüchtet sich Recha auch nach der Mitteilung Dajas, Nathan sei nicht ihr Vater (vgl. S. 209 ff.). Das Bachbett ist ausgetrocknet, was als Bild für Rechas momentane Gefühle der **Einsamkeit**, des Fremdseins, der Enttäuschung und der inneren Leere gedeutet werden kann. Mit den Erinnerungen an ihre Kindheit kommen ihr die Tränen, die auf sie ähnlich wirken wie der winterliche Regen auf das ausgetrocknete Bachbett: Sie wird wieder lebendig und beschließt, sich mit Nathan auszusprechen. Interessanterweise ist der erste Mensch, der ihr zu Hause begegnet, Geschem (vgl. S. 214 ff.). Das Gespräch mit ihm wirkt auf sie, auf ihren Zorn auf den Tempelritter und auf ihre Enttäuschung wie ein abkühlender Regenschauer. Sie findet wieder zurück zu klaren Gedanken. So hat Geschem seinem Namen alle Ehre gemacht – er hat ein Feuer des Zornes gelöscht.

Blick vom Ölberg über das Kidrontal auf Jerusalem. Druck, um 1890.

Am Ende des Romans führt Recha Leu von Filnek ins Kidrontal an das ausgetrocknete Bachbett. Ihr Hinweis:

> *„Bald kommen unsere hohen Feiertage, [. . .] und nicht lange danach wird der erste Regen fallen. Dann fließt hier der Bach und an den Hängen wachsen über Nacht Blumen.“* (S. 247)

kann als Vorausdeutung auf die Zukunft gesehen werden. Auch wenn es jetzt noch nicht so scheint, erwartet beide ein **Neuanfang**, aus dem ein gutes und sinnerfülltes Leben erwachsen kann.

Bei den erwähnten hohen Feiertagen könnte es sich um die Feste Rosch Haschana, das jüdische Neujahrsfest, und Jom Kippur, das Versöhnungsfest, handeln. Beide fallen (heutzutage) in die Monate September und Oktober. Die Regenzeit beginnt im heutigen Israel im November. Beide Feste haben für das Ende des Romans eine geradezu perfekt passende Bedeutung: Die Verheißung auf einen Neubeginn und die mögliche Aussicht auf Versöhnung. So beginnt der Roman mit einem Brand und endet mit der Erwartung auf den kommenden Regen, der die hohen Feiertage einläuten und Fruchtbarkeit sowie neues Leben bringen wird.

Motivbereich der Orte

Stadt

Das Motiv der Stadt hat in der Literatur eine lange Tradition.[10] Auffallend ist dabei häufig das Spannungsverhältnis zwischen Bedrohlichkeit und Elend einerseits sowie Schutz und Lebenslust andererseits. Sowohl Recha als auch der Tempelritter sind wiederholt in der Stadt Jerusalem unterwegs und lassen dabei ihren Gedanken freien Lauf.

Am Tag nach dem Brand läuft Recha durch die Straßen Jerusalems (vgl. S. 62 ff.) und nimmt „ein Gewirr“ von Geräuschen und Gebäuden wahr. Dieses Gewirr steht bildhaft für die Gedanken und Gefühle, die sie umtreiben. Ähnlich verhält es sich auch bei dem Tempelritter, der, verwirrt durch seine Gefühle für

Recha, die Pilger unbeabsichtigt auf einem Umweg zur Grabeskirche führt (vgl. S. 153). Auch nachdem ihm Daja eröffnet hat, Recha sei eine Christin, irrt er „wieder einmal“ (S. 176) durch „das nächtliche Jerusalem“ (S. 176). Seine **Verwirrung und Unsicherheit** werden bildhaft verdeutlicht durch seine Wahrnehmung der, durch das Licht der Häuser verursachten, Muster auf dem Pflaster, die der Tempelritter als „eine geheimnisvolle, unbekannte Schrift, eine Mitteilung, die [er] nicht entziffern konnte und die vielleicht wichtig gewesen wäre“ (S. 177), interpretiert – vielleicht eine Vorausdeutung auf sein misslingendes Gespräch mit dem Patriarchen bzw. eine Warnung, seine Frage besser nicht zu stellen. Für Daja steht die Stadt für **Überfluss und Luxus**, die ihr gerade dann bewusst werden, als sie von einer plötzlichen Sehnsucht nach ihrer alten Heimat überfallen wird (vgl. S. 168 ff.). Die lebenslustige Seite der Stadt steht für das **Glück**, das Daja in Jerusalem im Hause Nathans gefunden hat.

Die bedrohliche und elende Seite der Stadt zeigt sich Recha, als sie wenige Stunden nach ihrem Rückzug ins Kidrontal wieder nach Jerusalem zurückkommt (vgl. S. 211 f.) und erstmals **Elend und Armut** der Waisenkinder in Jerusalem realisiert. Die absolute Bedrohung liegt allerdings in der **Anonymität** der Stadt – vor allem in der Nacht: Nathan wird von unbekannten Mördern in der Nacht umgebracht (vgl. S. 225 ff.).

Berg

Nach dem Brand zieht es den Tempelritter in der Nacht aus der Stadt hinauf auf den Berg Zion (vgl. S. 68 f.). Vielleicht verbindet er mit dem Aufenthalt auf dem Berg ein Stück Heimat, denn Burgen wurden im Mittelalter gewöhnlich auf Anhöhen errichtet: Aufgewachsen ist er auf der Burg Stauffen (vgl. S. 76), die wahrscheinlich ebenso auf einem Berg lag wie die Burg Tannenberg (vgl. S. 149), auf der er seine Ausbildung zum Ritter erhielt. Auf dem Berg Zion denkt der innerlich zerrissene Tempelritter, der nun zwei Namen hat und nicht weiß, wer er eigentlich ist, an seine Kindheit zurück (vgl. S. 76 f.). Dieses „Auf-dem-Berg-Sein“ ist einerseits ein Bild für sein **Festhalten an seinem alten Leben**, an Curd von Stauffen also. Obwohl ihn dieses alte Leben nicht glücklich gemacht hat, hält er zunächst daran fest, weil er noch nichts anderes kennt. Andererseits könnte der Berg auch ein Bild dafür sein, wie weit er noch von sich selbst, seiner wahren Persönlichkeit, entfernt ist. Auch Recha sieht sich in ihrem zweiten Traum „auf einem Hügel in den Bergen von Judäa“ (S. 109) stehen – und ist in diesem Moment offenbar ebenso von sich selbst entfernt (siehe *Interpretationshilfe*, S. 80 f.).

Tal

Eng verbunden ist dieses Motiv mit dem des Wassers. So geht Recha – wie bereits dargestellt – in das Kidrontal, um in ihrer großen Krise zu sich selbst zu finden. Sie muss ins Tal zum Wasser hinabsteigen, zu den Ursprüngen des Lebens also, um sich ihrem eigenen Leben, ihrer **eigenen Persönlichkeit**, zu nähern (vgl. S. 209 ff.). Auch Leu von Filnek, der Tempelritter, muss – bildlich betrachtet – vom Berg heruntersteigen, aus dem Gewirr der Straßen hinaus und hinunter ins Tal gehen, um zu sich selbst zu finden. Er gelangt unwillkürlich ins Tal Hinnom auf den Acker **Hakeldamach**, nachdem er Nathan beim Patriarchen „fast“ verraten hat (vgl. S. 188 ff.). Ein symbolträchtiger Ort, denn auf diesem Acker brachte sich Judas Ischariot um, nachdem er Jesus verraten und ausgeliefert hatte. Einerseits mag dies ein Hinweis auf den möglichen Verrat des Tempelritters an Nathan und Recha und ein Zeichen für menschliches Scheitern sein, andererseits kann es jedoch auch als Chance für Leu von Filnek verstanden werden. Immerhin gelingt es dem Tempelritter hier, sich von seinem alten Leben zu lösen und sich in sein neues aufzumachen. Recha ist es, die ihm den Anstoß gibt, sich und seine wahre Persönlichkeit endgültig finden zu wollen, als sie ihn mit ins Kidrontal nimmt. Was er daraus macht, bleibt ihm überlassen.

Der Motivbereich der Orte ist eng verbunden mit dem von **Tag** und **Nacht**. In der Nacht liegen die Dinge im Dunkeln und wirken manchmal **geheimnisvoll**, wie das beispielsweise in den Träumen der Fall ist, oder gar **bedrohlich:** Der Tempelritter „irrt" nachts immer wieder durch die Straßen Jerusalems. Nacht ist es, als Nathan umgebracht wird. Am Tag löst sich der Tempelritter im Tal Hinnom aber von seinem alten Leben. Tag ist es auch, als Recha im Kidrontal beginnt, die Lösung für ihre Krise zu finden. Und Tag ist es, als Recha Leu von Filnek ins Kidrontal bringt, um ihm eine mögliche Zukunftsperspektive zu zeigen.

Traum

Mirjam Pressler lässt Recha selbst erklären, was Träume für die Menschen sein können:

> *Im Traum halten Engel dem Menschen einen Spiegel vor, sie zeigen ihm, was er sich wünscht oder was ihm die Zukunft bringen wird. Im Traum verliert der Mensch oft seinen Stand in der Welt und dann ist das Aufwachen eine kleine Geburt.* (S. 55)

Hier wird das Traummotiv verbunden mit dem Symbol des Engels sowie mit dem des Spiegels. In ihrem ersten Traum (vgl. S. 55) deutet sich der **Entwicklungsprozess** an, den Recha nun zu durchlaufen beginnt: Sie ist noch nicht die Persönlichkeit, die sie bald sein wird. Ihr zweiter Traum (vgl. S. 109 f.) ist der einer verliebten jungen Frau, die auf ihr **Liebesglück** hofft. Alle drei Tiere – der rot-goldene Vogel, die silberne Gazelle und das weiße Kamelkalb – symbolisieren wohl den Geliebten, den Tempelritter, der am Ende des Traumes selbst auftaucht. Aber wie die drei Tiere zuvor verschwindet auch der Tempelritter. Deshalb weiß Recha durch ihren Traum wohl schon relativ früh, dass es für sie und den Tempelritter kein Happy End als Liebespaar geben wird.

Nun gibt es aber nicht nur die Träume, die der Mensch im Schlaf hat. Es gibt auch Träume im Sinne einer Weissagung, einer Vision oder Utopie von einer besseren Welt. Und genau dies trifft auf Nathans Traum zu, an dem er al-Hafi teilhaben lässt, nachdem er seine Geschichte vom Ring erzählt hat (vgl. S. 166).

Drei Mal wiederholt er: „Ich habe einen Traum …" (S. 166) – angelehnt an die Rede „Ich habe einen Traum", die der Bürgerrechtler **Martin Luther King** im August 1963 in Washington vor Zehntausenden von Menschen aller Hautfarben gehalten hat.[11] Die Botschaft der literarischen Figur Nathan und die der historischen Persönlichkeit Martin Luther King sind sehr ähnlich: Beide wünschen sich, dass eines Tages alle Menschen frei, sicher und wie Geschwister in Gerechtigkeit miteinander leben können. Darin zeigen sich **Zeitlosigkeit** und immerwährende **Aktualität** dieser Botschaft – im damaligen wie im heutigen Jerusalem, aber auch an allen anderen Orten auf der Welt.

Martin Luther King (1929–1968), amerik. Bürgerrechtler

Symbole

Engel

Engel sind sowohl in Judentum und Christentum als auch im Islam **Boten Gottes**, die wichtige Botschaften übermitteln und somit ein **Verbindungsglied** zwischen Menschen und Gott darstellen. Wer mit einem Engel zu tun hat, ist auf besondere Art mit Gott verbunden oder gar von ihm für eine besondere Aufgabe ausgewählt.[12]

Auch Recha geht davon aus, Gott selbst habe ihr einen Engel geschickt, um sie aus den Flammen zu retten (vgl. S. 56). Das ist durchaus naheliegend, denn sie befand sich in außerordentlicher Gefahr und ihre Rettung muss ihr wie ein Wunder erschienen sein (vgl. S. 57). Und da Menschen keine Wunder vollbringen können, kann ihr Retter nur ein Engel gewesen sein – so ihre Schlussfolgerung. Außerdem scheint ihr tatsächlicher Retter, der Tempelritter, in dieser Situation eine übermenschliche, geradezu engelsähnliche Macht besessen zu haben. In diesem Engelsglauben liegt eine gewisse kindliche **Naivität**, die Recha zu diesem Zeitpunkt noch hatte und die entsprechend ihrer Persönlichkeitsentwicklung nach und nach schwindet.

Interessant ist auch, dass es nach Rechas Meinung Engel sind, die den Menschen im Traum Spiegel vorhalten (vgl. S. 55). Bleibt man bei ihrer Logik, dann ist die Entwicklung, die sich im Traum bereits andeutet, eine von Gott gewollte.

Spiegel

Wie Traum und Engel ist auch der Spiegel Recha zuzuordnen – diesen nur als Symbol der Eitelkeit anzusehen, wäre hier zu oberflächlich, denn Nathans Tochter scheint nicht übermäßig eitel zu sein. Vielmehr ist der Spiegel hier als ein Symbol der **Selbsterkenntnis** zu begreifen. Kritisch betrachtet sich Recha in ihrem „kostbaren Spiegel“ (S. 112) und begegnet einer neuen Fremdheit, ihrem ihr noch nicht vertrauten Erwachsensein (vgl. S. 112). Im Spiegel sieht sie neben ihrem eigenen auch das Gesicht des Tempelritters, das jedoch wieder verschwindet. Hier geschieht also das, was schon in Rechas **Traum** kurz zuvor passiert ist: eine erneute Vorausdeutung auf eine Liebe, die keine Erfüllung finden wird.

Rosen

Seit Jahrtausenden gilt die Rose als symbolträchtig. Häufig wird sie in ihrer Symbolik allein auf die **Liebe** reduziert, was allerdings zu eng gefasst ist. Seit dem frühen Christentum ist die Rose ein Symbol für das **Paradies**[13]. Im Verlauf des Mittelalters wurde die Rose (ohne Dornen) zu einem Symbol der Gottesmutter Maria. Seit dem späten Mittelalter verbanden Maler beide Aspekte, indem sie begannen, Maria auf ihren Bildern in einer paradiesähnlichen Umgebung darzustellen. Viele dieser Bilder trugen Titel wie *Maria im Rosenhag* („Maria im Rosengarten"). Im Islam hat die Ähnlichkeit des persischen Wortes „gul" und des türkischen „gül" (Rose) mit dem arabischen Wort „kull" (das Ganze) eine besondere Bedeutung: Jede Rose zeigt die göttliche **Vollkommenheit** und gilt außerdem als Blume Mohammeds.[14] Außerdem wird Rosenwasser und -öl eine besondere Heilkraft zugeschrieben. Der historische Saladin ließ nach seinem Sieg über die Kreuzritter tatsächlich die al-Aqsa-Moschee mit Rosenwasser reinigen, wie im Roman von Abu Hassan berichtet wird. Im Judentum kommt der Rose keine ausgesprochene Bedeutung zu – außer der Tatsache, dass sie dort wohl auch zu den Blumen gehört, die ursprünglich im Garten Eden, dem Paradies, wuchsen.

„Maria mit dem Kind", Gemälde von Peter Paul Rubens (1577–1640)

Mirjam Pressler siedelt das Szenario um die Ringparabel im Rosengarten des Palastes an, der ein sehr privater und vielleicht paradiesischer Ort für Saladin und seine Schwester – deren Schönheit al-Hafi übrigens mit der der Rosen vergleicht – ist. Interessant ist, dass in diesem Garten unter anderem auch Rosen aus „China, Indien und Ägypten“ (S. 156) blühen, vielleicht ein Hinweis auf die (welt-)umfassende Bedeutung dessen, was sich mit dem Erzählen des Gleichnisses dort abspielen wird. Darüber hinaus macht aber auch die **paradiesgleiche Umgebung des Rosengartens** die visionäre Botschaft deutlich: So etwas kann es (leider) nicht in der realen Welt geben.

Das Blatt im Wind

Jedes einzelne Blatt an einem Baum ist fest mit diesem verbunden und wird dadurch mit allen Nährstoffen versorgt. So wie ein Blatt seinen Baum braucht, benötigen vor allem Kinder und Jugendliche, aber auch Erwachsene ihre Familien. Und so wie die Sonne dem Blatt hilft, Energie zu gewinnen, gewinnen Kinder ihre Selbstsicherheit und Lebensfreude durch die Liebe ihrer Familie. Wird das Blatt abgerissen, verliert es Halt und Nährstoffzufuhr und muss verdorren.

Der Tempelritter vergleicht sich mit einem Blatt, „das jemand achtlos vom Baum gerissen hat“ (S. 68) und das sich „vom Wind“ (S. 68) hat treiben lassen. Damit bringt er seine Entwurzelung und seine „Ziellosigkeit“ (S. 68) zum Ausdruck. Ihm fehlt sehr das Eingebundensein in eine Familie, er vermisst das Gefühl, dazuzugehören. Denn da, wo er herkommt, gehörte er nie dazu und jetzt weiß er nicht, wo er eigentlich hin soll. Ebenso erging es ursprünglich Geschem (vgl. S. 215). Al-Hafi jedoch, ebenfalls vom Wind fortgeweht, ließ sich freiwillig und mit großem Vertrauen auf den, „der den Himmel über uns gespannt hat, [...] treiben“ (S. 90).

Bedeutung des Namens

Schon wiederholt kam die Rede auf die Bedeutung des Namens. Dieser Aspekt ist eng verbunden mit dem Symbol des Blattes, denn einer, der keinen Namen hat, ist „wie ein Blatt im Wind" (S. 215), wie Geschem sagt. Er gehört nirgendwo dazu, denn es gibt niemanden, der ihm einen Namen gegeben hat. Er existiert im Grunde nicht, weil er nichts hat, womit andere Menschen auf ihn hinweisen können. Das Erste, was Menschen tun, wenn sie sich kennenlernen, ist, sich gegenseitig den Namen zu nennen. Für die Menschen ist ihr Name die Bezeichnung des Ich. Denn man sagt ja: „Ich bin …" Ähnlich verhält es sich aber auch mit jemandem, der zwei Namen hat, wie dies beim Tempelritter und bei Geschem der Fall war. Die zwei Namen symbolisieren bei beiden Figuren auch die innere Zerrissenheit und die unbedingte Notwendigkeit, ihre wahre Persönlichkeit finden zu müssen, denn nur derjenige, der weiß, wer er ist, weiß auch, wo er hingehört.

6 Interpretation von Schlüsselstellen

Nathan erzieht den Tempelritter (S. 101–106)

Der Tempelritter begegnet Nathan in dieser Situation zuerst mit unverhohlenem **Judenhass:** „Fass mich nicht an, Jude […]. Ich brauche deinen Dank nicht, Jude, und erst recht nicht deinen Segen." (S. 102) Mit diesen Worten trifft er nicht nur Nathan, sondern vor allem Daja, die im ersten Augenblick vom „Engelhafte[n]" (S. 102) seiner Erscheinung durchaus angetan war, sich aber durch die abschätzige Bemerkung über Recha, die ja mit dem Begriff „Judenmädchen" (S. 102) gemeint ist, persönlich angegriffen fühlt. Gleichzeitig lösen die judenfeindlichen Beschimpfungen des Tempelritters schmerzhafte Erinnerungen an die Bigotterie ihrer lieblosen Großmutter aus. In diesem Augenblick findet bei Daja eine Art Übersprungshandlung statt. Die gegenwärtige Begegnung mit dem Tempelritter und ihre Erinnerung überlappen sich und sie lebt nun die Wut aus, die eigentlich ihrer Großmutter gilt und die sie als Kind und Jugendliche nicht zu äußern wagte:

> *Zorn stieg in mir auf [. . .] auf jene eifernde, selbstgerechte Frömmigkeit, die mir meine Kindheit und Jugend verbittert hatte. [. . .] Mein ganzer aufgestauter Hass brach aus mir heraus.* (S. 103)

In ihrem nun folgenden Wutausbruch, der auf den Tempelritter niedergeht, verurteilt Daja seine in kirchlicher Tradition verwurzelte Judenfeindschaft und verweist auf die Lehre der **Nächstenliebe**, die auf Jesus selbst zurückgeht und alle Menschen einschließt. Dabei stellt sie auch die Untadeligkeit seines Rittertums infrage, was ihn zu treffen scheint. Zu diesem Zeitpunkt steht es unentschieden zwischen Daja und dem Tempelritter: „Wie zwei atemlose Kämpfer standen wir einander gegenüber [. . .].“ (S. 104) Das ist der Augenblick, in dem sich Daja ihres unklugen und unbesonnenen Tuns bewusst wird: „Ich hatte ihm danken wollen [. . .] und stattdessen hatte ich ihn beschimpft.“ (S. 104)

Nathan, der diese verbale Explosion die ganze Zeit verfolgt hat, greift nun ein und beruhigt Daja. Auch er ist emotional aufgewühlt, denn er äußert sich „mit einer seltsam verhaltenen, gebrochenen Stimme“ (S. 104). So spricht jemand, der seine Gefühle nur mühsam unter Kontrolle hat. Um nach außen besonnen zu wirken, wendet sich Nathan nun an Daja, obwohl seine Worte eindeutig dem Tempelritter gelten:

> *„Es fehlt ihm wohl noch an der Erfahrung, die jeder Mensch mit Vernunft irgendwann macht, nämlich dass Edelmut und Menschlichkeit nicht von der Religion abhängen. Es gibt in jedem Volk gute und ehrliche Menschen, egal zu welchem Gott sie beten, so wie es überall auch böse und grausame Menschen gibt.“* (S. 104 f.)

Damit erlangt Nathan nicht nur seine Fassung wieder, er formuliert auch seine Botschaft deutlich. Er fordert den Tempelritter auf, sich seiner **Vernunft**, seines Verstandes, zu bedienen und über das, was ihm bislang beigebracht wurde, hinauszudenken – sich also von Vorurteilen und Selbstgerechtigkeit zu befreien. Nathan bekräftigt dies noch, indem er sich dann dem jungen Mann direkt zuwendet und seine Botschaft noch ergänzt. Er nimmt die Aussage des Tempelritters, dieser habe wohl „nur das [Leben] eines jüdischen Mädchens" (S. 105) gerettet, zwar auf, revidiert das Wörtchen „nur" aber sofort, indem er erklärt, dass für Gott das Leben dieses Mädchens ebenso wertvoll ist wie das aller anderen Menschen, da Gottes Liebe allen Menschen gilt, ganz unabhängig von Religionszugehörigkeit und Herkunft (vgl. S. 105). Und seine Botschaft der **Toleranz** kommt an, denn Nathan beweist Einfühlungsvermögen, indem er dem Tempelritter die Wurzeln des Christentums vor Augen führt. Der Tempelritter versteht: Gott liebt das „Judenmädchen" so, wie er auch ihn und alle anderen Menschen auf dieser Erde liebt. Denn alle Menschen sind gleich. Gleich wertvoll. Nathans eindeutige und aufrichtige Worte berühren den Tempelritter, verletzen ihn aber nicht, weshalb er sich von Nathan angenommen fühlt. Auch Dajas Zorn ist wie weggeblasen und mit ihrer Freundlichkeit baut sie dem Tempelritter eine Brücke, woraufhin er Dank und Einladung annimmt. Der Tempelritter hat seine Lektion gelernt.

Nathan bei Saladin – die Geschichte vom Ring (S. 154–166)

Dieses Kapitel, insbesondere das Gleichnis von dem Ring, bildet das **Kernstück** des Romans. Der reiche Nathan ist beim Sultan, der Geld von ihm leihen will und wahrscheinlich nicht vorhat, es ihm jemals zurückzuzahlen. Nathan ist vorsichtig und auf alles gefasst (vgl. S. 156). Saladin möchte darüber hinaus herausfinden, ob die Bürger Jerusalems Nathan seinen Beinamen „der Weise" zu Recht gegeben haben, und ihn auf die Probe stellen. Deshalb stellt er ihm die Frage aller Fragen: „Sage mir, welcher Glaube ist der richtige? Wer hat recht, der Muslim, der Jude oder der Christ?" (S. 157). Damals wie heute eine hochexplosive, eine geradezu gefährliche Frage. Nathan erschrickt (vgl. S. 157 f.). Aber er stellt sich der Aufgabe und erzählt – statt einer eindeutigen Antwort – eine Geschichte. Mit ihr, der sogenannten Ringparabel, vermittelt Nathan dem Sultan in verschlüsselter Form seine Überzeugung von Toleranz und der Gleichwertigkeit aller Menschen. Der Mann, der vor langer Zeit gelebt haben soll und einen „Ring von unschätzbarem Wert" (S. 160) besaß, wird zumeist als Gott selbst gedeutet, an den Juden, Christen und Muslime glauben. Seine drei Söhne, „die ihm gleich lieb waren" (S. 161), stehen für die drei monotheistischen Religionen: Der älteste steht für die älteste der drei Religionen, das Judentum, der mittlere Sohn für das Christentum und der jüngste für den Islam. Gerade weil der Vater alle drei Söhne so sehr liebt, möchte er jedem diesen wundersamen Ring zukommen lassen (vgl. S. 161). Und es erhält auch jeder Sohn einen Ring: Einer davon ist der echte, die anderen beiden, die nachgemacht sind, sehen dem echten zum Verwechseln ähnlich. Da Saladin das **Gleiche in den drei Religionen** nicht anerkennen möchte, argumentiert Nathan:

> *„Aber sie unterscheiden sich nicht im Wichtigsten, im Glauben an Gott […] und in seinem Gebot, die Menschen zu lieben und Gutes zu tun. Alles andere […] sind Geschichten."* (S. 162)

Saladin gibt sich damit nicht zufrieden und spitzt seine Frage provozierend zu: „Und welche der Geschichten ist wahr?" (S. 162) Auch wenn sie zunächst ausweichend erscheinen mag, ist Nathans Antwort darauf ein eindeutiges Bekenntnis zu Toleranz und **friedlicher Koexistenz** der drei Religionen:

> *„Woher soll man das wissen, großer Sultan? Ich bin Jude, ich glaube meinen Vätern, die gesagt haben, ihr Ring sei der rechte. Du glaubst deinen und der Patriarch seinen. Wie könnte ich meinen Vätern weniger glauben als deinen? Oder umgekehrt. Das gilt natürlich auch für die Christen."* (S. 162)

Diese Aussage Nathans fordert **Respekt** sowohl gegenüber dem eigenen Glauben und der damit verbundenen Tradition, die von den „Vätern" weitergegeben wurde, als auch gegenüber dem Glauben und der Tradition der anderen Religionen.

Aber Nathan hat die Geschichte noch nicht zu Ende erzählt: Die Söhne geraten in Streit, jeder möchte der auserwählte, der besonders geliebte Sohn sein (vgl. S. 161). Ein Richter soll über den echten Ring entscheiden. Nathan lässt in seiner Geschichte diesen klugen Mann sofort auf den Punkt kommen: Im Grunde kann keiner der drei Söhne den echten Ring besitzen, denn bei keinem scheint der Ring seine Wirkung zu entfalten, die darin besteht, von den Mitmenschen wegen seiner Menschenfreundlichkeit gemocht und geschätzt zu werden. Vielmehr scheint es so zu sein, dass jeder der drei Söhne sich selbst am meisten liebt. Ein Urteil fällt der Richter nicht, vielmehr rät er den drei Söhnen, sich auf ihren Vater zu besinnen, der sie immerhin so sehr liebte, dass er keinem den Ring vorenthalten wollte, und sich zukünftig entsprechend zu verhalten. Das heißt: Jeder der drei Söhne soll von nun an mitmenschlich, freundlich und friedliebend allen Menschen gegenüber sein – so wie es der tun würde, der im Besitz des echten Ringes ist.

Hier dehnt Nathan die Frage nach der wahren Religion aus. Denn es geht um das **Zusammenleben** überhaupt, um eine innere Haltung der Mitmenschlichkeit, Güte und Toleranz – es geht letztlich darum, sich nicht über andere zu erheben, sondern vielmehr die anderen anders sein zu lassen, sich über gemeinsame Werte zu verständigen und auch Anderssein als gleichwertig anzuerkennen. Und dann ist der Schritt zur **Freundschaft** auch nicht mehr weit.

Aber Nathan ist noch nicht am Ende seiner Geschichte angelangt. Er lässt den Richter kein Urteil fällen, sondern auf einen klügeren Richter verweisen und schließt damit den Kreis, indem er zu Saladin sagt: „Vielleicht [...] bist du ja dieser versprochene weise Richter ...“ (S. 164) Würde Saladin ein abschließendes Urteil fällen, sich also für diesen weisen Richter halten, würde er sich im Grunde anmaßen, über die Religionen zu urteilen, die von Gott eingerichtet worden sind. Dies bewegt auch Sittah, der es ja ursprünglich lediglich um ein großzügiges Darlehen von Nathan ging. Sie erkennt, dass Gefühle und Freundschaft nicht kalkulierbar sind.

Die Sache mit dem Geld, das Saladin dringend braucht, scheint aber trotz allem problematisch zu bleiben. Nathan löst dieses Problem und gibt dabei ein Beispiel für die gelebte Umsetzung der Geschichte von dem Ring. Natürlich weiß Nathan um das Dilemma, in dem der Sultan nun steckt – wie es auch schon bei der Erziehung des Tempelritters der Fall war. Er möchte nicht, dass sein neugewonnener Freund das Gesicht verliert. Deshalb bittet Nathan von sich aus darum, Saladin das benötigte Geld geben zu dürfen. Durch diese Bitte versetzt er den Sultan in die Lage, ihm durch die Annahme seines Geldangebotes gleichsam einen großen Gefallen zu erweisen. Dies tut Nathan nicht, um sich selbst einen Vorteil beim Sultan zu verschaffen oder sich eventuelle Schwierigkeiten zu ersparen. Er tut es, weil er sich in die Lage Saladins einfühlen kann, weil er ihn als Freund und Mitmenschen achtet, sich mit ihm auseinandersetzt und deshalb auch weiß, wo dessen empfindliche Stellen liegen. Und nun muss sich zeigen, ob Saladin von seinem neuen Freund etwas gelernt hat. Zuerst scheint es nicht so. Auf den Hinweis Nathans, er schulde „nur noch dem jungen Tempelritter“ (S. 165) etwas, reagiert Saladin ungehalten: „Du willst meinen Feinden Geld geben?“ (S. 165). Aber Nathan packt Saladin gleichsam an dessen eigenem Beispiel für Güte, das er ja kurz zuvor selbst ablieferte: „Nicht deinen Feinden, nur dem jungen Mann, dem du das Leben geschenkt hast.“ (S. 165) Er zeigt Saladin damit, dass er selbst durch den einmaligen Akt der Gnade dem Tempelherrn gegenüber die Rettung von Nathans Tochter erst möglich gemacht hat.

Saladins Bezugnahme auf seinen Bruder Assad kurz darauf scheint hier mehrdeutig: Entweder hätte Assad auch einen Menschen aus dem Feuer gerettet, was ein Hinweis darauf sein könnte, dass der Tempelritter, Curd von Stauffen alias Leu (!) von Filnek, tatsächlich dessen Sohn wäre, oder Assad hätte auch derart gütig wie Saladin gehandelt.

Wie dem auch sei, Saladin versteht, was ihm Nathan sagen möchte, deshalb nimmt er das Bild des Rings abschließend nochmals auf und überträgt es auf Nathan und sich:

> *„Nathan, ich danke dir. Lass uns Freunde sein. Lass uns dem Vater danken, der jedem von uns einen Ring gab, und zeigen wir uns dieser Gabe würdig.“* (S. 165)

Damit übernimmt Saladin aber auch eine schwierige Aufgabe, nämlich die, seiner Stadt Jerusalem ein wahrhaft toleranter Herrscher zu sein und dies auch glaubwürdig vorzuleben. Bleibt nur noch zu klären, weshalb sich Nathan nicht freuen kann. Nun, er ist sich des Visionären seiner Geschichte bewusst: „Ich habe einen Traum [...].“ (S. 166) Tatsächlich ist es bis heute ein **Traum** geblieben.

Geschem verändert etwas in Recha (S. 214–217)

In ihrer tiefen Krise spricht Recha mit Geschem. Es ist eher ein Zufall, dass sie ihm begegnet, nachdem sie vom Kidrontal zurückkommt. In ihr mag zu all dem, was sie so sehr beschäftigt, in diesem Moment wohl auch noch die Begegnung mit den vielen bettelnden Waisenkindern in der Stadt nachklingen.

Recha selbst liefert den Türöffner zu diesem Gespräch, das für sie so wichtig werden soll: „Du bist gern hier bei uns, nicht wahr?" (S. 214) Geschem spürt, dass Recha auf Augenhöhe mit ihm spricht und sich wirklich für ihn interessiert, deshalb öffnet er sich ihr: „Ein Mensch, der nirgendwo dazugehört, ist wie ein abgerissenes Blatt im Wind" (S. 215) – er hat keinen Halt, er hat keine Familie, niemand ist für ihn da und er ist einsam. Hat dieser Mensch dann nicht einmal einen Namen, „ist [er] weniger als ein Hund". Ein Mensch ohne Namen ist vor allem „unsichtbar" (S. 215) für die anderen, denn sie wissen ja nicht, wie sie ihn nennen und wie sie auf ihn hinweisen können. Für die anderen ist dieser Mensch ohne Namen ein Niemand, ein Nichts – und so fühlt sich dieser Mensch dann auch tatsächlich und spürt keinerlei Selbstwertgefühl, wie das auch bei Geschem der Fall war. Das ist es, was Geschem Recha mitteilt, und es rührt sie. Sie fragt sich, weshalb ihr Geschems Schicksal bislang „egal" (S. 215) war, wobei sie mit dieser Frage im Grunde genau das bestätigt, was er ihr sagt. Geschem geht mit seinem Nachdenken über die **Namenlosigkeit** noch weiter, indem er meint, „sogar Gott oder Allah sieht einen Menschen erst, wenn er einen Namen hat, [...]" und er spitzt seine Aussage zu: „Was meinst du, hat keiner von beiden gewusst, wer für mich zuständig ist, Gott oder Allah?" (S. 215) Hier hakt Recha ein und antwortet ganz im Sinne ihres Vaters:

> *„Gott oder Allah sind nur verschiedene Namen für den einen, der Himmel und Erde gemacht hat […], es sind nur die Wege, ihm zu dienen, welche die Religionen unterscheiden, der Kern ist gleich: die Liebe zu Gott und die Liebe zu den Menschen. Und die Dankbarkeit für das Leben.“* (S. 215 f.)

Obwohl Recha Geschems Frage nicht in ihrer gesamten Tragweite beantworten kann, so entlastet ihn vielleicht doch die Aussage, Gott und Allah seien ein und derselbe. Wie zur Bestätigung des zuvor Gesagten betont Geschem, wie sehr er und sein Leben sich geändert haben, seitdem er seinen Namen erhalten hat, und er spricht das offen aus, was Recha bereits zuvor ansatzweise dachte: „Auch du hättest vorher nicht mit mir gesprochen […].“ (S. 216) Sie kann ihm nur recht geben, sie ist beschämt und bittet ihn um Verzeihung.

Und dann hält Geschem Recha einen Spiegel vor: „Du hast Glück gehabt, du hast immer in diesem Haus gelebt.“ (S. 217) Und genau das ist es! Recha hätte es nämlich genauso wie Geschem ergehen können, hätte dieser Mönch damals vor 18 Jahren sie nicht zu Nathan gebracht. Hätte sie dann einen Namen bekommen? Wer hätte ihn ihr gegeben? Wäre sie dann auch eines dieser Waisenkinder, die Jerusalem bevölkern, unter freiem Himmel schlafen, betteln und die jeglicher Unbill hilflos ausgeliefert sind? Recha dankt Geschem – wohl auch für die Lektion, die sie von ihm erhalten hat, denn sie weiß nun, was sie zu tun hat.

Literaturhinweise

Verwendete Ausgabe

PRESSLER, Mirjam: *Nathan und seine Kinder.* Weinheim/Basel: Beltz & Gelberg 2011

Weiterführende Literatur

GROSSBONGARDT, Annette; PIEPER, Dietmar: *Jerusalem. Die Geschichte einer heiligen Stadt.* München: Goldmann Verlag 2011

RENZ, Andreas: *Beten wir alle zum gleichen Gott? Wie Juden, Christen und Muslime glauben.* München: Kösel-Verlag 2011

RINNERT, Andrea: *Gotthold Ephraim Lessing: Nathan der Weise.* Freising: Stark Verlag 2010

VIEWEGER, Dieter: *Abenteuer Jerusalem. Die aufregende Geschichte einer Stadt dreier Weltreligionen.* Gütersloher Verlagshaus 2011

Rezensionen

Nathan und seine Kinder von Mirjam Pressler (www.jugendbuch-couch.de/mirjam-pressler-nathan-und-seine-kinder.html)

Mirjam Pressler: Nathan und seine Kinder (www.alliteratus.com/pdf/rel_rel_nathan.pdf, Jana Mikota)

Mirjam Pressler: Nathan und seine Kinder (www.grosse-literatur.de/Nathan-und-seine-Kinder-Mirjam-Pressler/bd/810/, Sandra Kuhn)

Anmerkungen

1 *Königreich der Himmel* (orig. *Kingdom of Heaven*), Historienfilm, 145 min., Regie: Ridley Scott, USA/Großbritannien/Spanien/Deutschland 2005
2 aus kirchlicher Bindung gelöst
3 basisdemokratische landwirtschaftliche Siedlungsgemeinschaft
4 aus der Pressemappe der Verlagsgruppe Beltz über Mirjam Pressler, nachzulesen auf der Homepage der Autorin (www.mirjampressler.de)
5 vgl. „Den Sprachlosen eine Sprache geben", www.medienprofile.de/articles/article/mirjam_pressler_70/
6 vgl. Giovanni di Boccaccio: Das Dekameron. Erster Band. Frankfurt am Main 1987, S. 53–56
7 vgl. ebd.: Zweiter Band, S. 842–850
8 Als „Gematrie" bezeichnet man die Deutung von Wörtern mithilfe des Zahlenwertes ihrer Buchstaben.
9 TaNaKh ist ein Kunstwort aus den Abkürzungen für **T**orah, **N**ewiim und **K**hetuvim und bezeichnet die „jüdische Bibel". Christen zählen Bücher der jüdischen Bibel zum Alten Testament.
10 vgl. Elisabeth Frenzel: Motive der Weltliteratur. Stuttgart 2008, 6. Auflage, S. 654 ff.
11 Martin Luther King kämpfte als bedeutendster Anführer der amerikanischen Bürgerrechtsbewegung gewaltfrei gegen Rassismus und Unterdrückung. Ein bekanntes Zitat aus der berühmten Rede *I have a dream*, die er 1963 während des „Marsches auf Washington für Frieden und Freiheit" hielt, lautet: „Ich habe einen Traum, dass meine vier kleinen Kinder eines Tages in einer Nation leben werden, in der man sie nicht nach ihrer Hautfarbe, sondern nach ihrem Charakter beurteilt." Martin Luther King wurde 1968 ermordet.
12 vgl. Lexikon für Theologie und Kirche (LThK), Bd. 3.
13 vgl. LThK, Bd. 9
14 vgl. www.kandil.de

(Bitte blättern Sie um)

Deutsch Prüfungstraining Literatur

Prüfungstraining Literatur
Liebeslyrik .... Best.-Nr. 1045401
Prüfungstraining Literatur
Kafkas Welt .... Best.-Nr. 1045403
Prüfungstraining Literatur – Baden-Württemberg
Georg Büchner: *Dantons Tod* .... Best.-Nr. 8454003
Prüfungstraining Literatur – Baden-Württemberg
Peter Stamm: *Agnes* .... Best.-Nr. 8454001
Prüfungstraining Literatur – Hessen
Schiller: *Die Jungfrau von Orleans* .... Best.-Nr. 6454001
Prüfungstraining Literatur – Niedersachsen
Christian Kracht: *Faserland* .... Best.-Nr. 3454001
Prüfungstraining Literatur – NRW
Schiller: *Kabale und Liebe* .... Best.-Nr. 5454007
Prüfungstraining Literatur – NRW
Koeppen: *Tauben im Gras* .... Best.-Nr. 5454005
Prüfungstraining Literatur – NRW
Th. Mann: *Buddenbrooks* .... Best.-Nr. 5454001
Prüfungstraining Literatur – NRW
J. W. v. Goethe: *Iphigenie auf Tauris* .... Best.-Nr. 5454003

Spanisch

Kompakt-Wissen Abitur
Wortschatz Oberstufe .... Best.-Nr. 945401

Englisch Interpretationen

Albee:
Who's afraid of Virginia Woolf? .... Best.-Nr. 2500101
Atwood: *The Handmaid's Tale* .... Best.-Nr. 2500181
Auster: *Moon Palace* .... Best.-Nr. 2500031
Boyle: *The Tortilla Curtain* .... Best.-Nr. 2500131
Bradbury: *Fahrenheit 451* .... Best.-Nr. 2500141
20th Century English Short Stories .... Best.-Nr. 2500151
Fitzgerald: *The Great Gatsby* .... Best.-Nr. 2500191
Golding: *Lord of the Flies* .... Best.-Nr. 2500051
Hansberry: *A Raisin in the Sun* .... Best.-Nr. 2500291
Hornby: *About a Boy* .... Best.-Nr. 2500201
Huxley: *Brave New World* .... Best.-Nr. 2500281
Ishiguro: *The Remains of the Day* .... Best.-Nr. 2500171
Lee: *To Kill A Mockingbird* .... Best.-Nr. 2500231
Lessing: *The Fifth Child* .... Best.-Nr. 2500071
Priestley: *An Inspector Calls* .... Best.-Nr. 2500081
Russell: *Educating Rita* .... Best.-Nr. 2500061
Salinger: *The Catcher in the Rye* .... Best.-Nr. 2500111
Shakespeare: *Macbeth* .... Best.-Nr. 2500011
Shakespeare: *Much Ado About Nothing* Best.-Nr. 2500241
Shakespeare: *Romeo and Juliet* .... Best.-Nr. 2500041
Shaw: *Pygmalion* .... Best.-Nr. 2500121
Shepard: *True West* .... Best.-Nr. 2500211
Steinbeck: *Of Mice and Men* .... Best.-Nr. 2500261
Swarup: *Q & A – Slumdog Millionaire* .. Best.-Nr. 2500271
Williams: *A Streetcar Named Desire* .... Best.-Nr. 2500221

Englisch Training

Themenwortschatz .... Best.-Nr. 82451
Grammatikübungen .... Best.-Nr. 82452
Übersetzung .... Best.-Nr. 82454
Grundlagen, Arbeitstechniken und
Methoden mit Audio-CD .... Best.-Nr. 944601
Sprechfertigkeit mit Audio-CD .... Best.-Nr. 94467
Sprachmittlung
Deutsch – Englisch · Englisch – Deutsch Best.-Nr. 94469
Abitur-Wissen
Landeskunde Großbritannien .... Best.-Nr. 94461
Abitur-Wissen Landeskunde USA .... Best.-Nr. 94463
Abitur-Wissen
Englische Literaturgeschichte .... Best.-Nr. 94465
Klausuren Englisch Oberstufe .... Best.-Nr. 905113
Kompakt-Wissen Abitur
Themenwortschatz .... Best.-Nr. 90462
Kompakt-Wissen Abitur
Landeskunde/Literatur .... Best.-Nr. 90463

Französisch Interpretationen

Camus: *L'Etranger/Der Fremde* .... Best.-Nr. 2550041
Sartre: *Huis clos/*
Geschlossene Gesellschaft .... Best.-Nr. 2550051
Schmitt: *Oscar et la dame rose* .... Best.-Nr. 2550071

Französisch Training

Themenwortschatz .... Best.-Nr. 94503
Textarbeit Oberstufe .... Best.-Nr. 94504
Sprachmittlung · Übersetzung .... Best.-Nr. 94512
Abitur-Wissen
Französische Literaturgeschichte .... Best.-Nr. 94506
Klausuren Französisch Oberstufe
mit MP3-CD .... Best.-Nr. 105011
Kompakt-Wissen Abitur
Wortschatz Oberstufe .... Best.-Nr. 945010
Kompakt-Wissen Abitur
Kurzgrammatik .... Best.-Nr. 945011

Latein Training

Abitur-Wissen
Lateinische Literaturgeschichte .... Best.-Nr. 94602
Abitur-Wissen Römische Philosophie .... Best.-Nr. 94604
Abitur-Wissen Prüfungswissen Latinum Best.-Nr. 94608
Klausuren Latein Oberstufe .... Best.-Nr. 106011
Kompakt-Wissen Abitur
Latein Basisautoren Oberstufe .... Best.-Nr. 946010

Bestellungen bitte direkt an:

STARK Verlagsgesellschaft mbH & Co. KG · Postfach 1852 · 85318 Freising
Tel. 0180 3 179000* · Fax 0180 3 179001* · www.stark-verlag.de · info@stark-verlag.de
*9 Cent pro Min. aus dem deutschen Festnetz, Mobilfunk bis 42 Cent pro Min.
Aus dem Mobilfunknetz wählen Sie die Festnetznummer: 08167 9573-0

Lernen · Wissen · Zukunft
STARK

22-V1P